Una Fundación de Valencia (Hispania)

Una Fundación de Valencia (Hispania)

Antítesis de la tesis actual

Miquel Ramon Marti Matias

Published in 2016 by
BAR Publishing, Oxford

BAR International Series 1443

Una Fundación de Valencia (Hispania)

© M R Marti Matias and the Publisher 2005

The author's moral rights under the 1988 UK Copyright,
Designs and Patents Act are hereby expressly asserted.

All rights reserved. No part of this work may be copied, reproduced, stored, sold, distributed, scanned, saved in any form of digital format or transmitted in any form digitally, without the written permission of the Publisher.

ISBN 9781841717265 paperback
ISBN 9781407328874 e-format
DOI https://doi.org/10.30861/9781841717265
A catalogue record for this book is available from the British Library

BAR Publishing is the trading name of British Archaeological Reports (Oxford) Ltd. British Archaeological Reports was first incorporated in 1974 to publish the BAR Series, International and British. In 1992 Hadrian Books Ltd became part of the BAR group. This volume was originally published by John and Erica Hedges Ltd. in conjunction with British Archaeological Reports (Oxford) Ltd / Hadrian Books Ltd, the Series principal publisher, in 2005. This present volume is published by BAR Publishing, 2016.

BAR

PUBLISHING

BAR titles are available from:

BAR Publishing
122 Banbury Rd, Oxford, OX2 7BP, UK
EMAIL info@barpublishing.com
PHONE +44 (0)1865 310431
FAX +44 (0)1865 316916
www.barpublishing.com

ÍNDICE
DEDICATORIA……………………………………………………..i

PRÓLOGO……………………………………………………..ii-iii

A) EXPLICACIÓN DESDE HISPANIA
1. Precedentes……………………………………………….1-2
2. La inexistente fundación de Junio Bruto de Valencia …...3-5
3. Textos……………………………………………….........6-11
4. Comparación entre Tito Livio, Apiano
y Diodoro Sículo …………………………………….....12-15
5. ¿Donde estás, Valentia?..16-18
6. Arse (Arsa) Lusitania / Valentia Lusitania //
Arse Valenciana /Valentia Valenciana …………………19-20
7. Valencia , ¿fundada el 138 a.c?...21-25
8. Tiendas de campaña y casas……………………....…......26-27
9. La necrópolis del Carrer de Quart (Valencia)…………..28-31
10. Numismática republicano-romana
de Valentia (Hispania)……………………………….....32-34
11. El posible templo de Valentia a Ceres
(y a la Triada Aventina)...…..…………………………..35-45

B) EXPLICACIÓN DESDE ITALIA
12. Origen de los "nomina" más antiguos
de Valentia (Hispania)…………………………………..46-47
13. La Segunda Guerra Púnica en Italia:
El Bruttium (Vibo Valentia) y
la Lucania (Thurium) ……………………………….....48-52
14. Resumen Histórico de Vibo valentia (Italia)…………53-55
15. Resumen Histórico de Sibaris=Thourioi=Thurium……...56
16. Resumen Histórico de la Gens Fabia Maxima………...57-60
17. Monedas de la gens Fabia Maxima……………………..61
18. Monedas de la Colonia romana de Valentia (Italia)….62-64
19. Monedas de la Colonia romana de Copia
y su precedente Thourioi (Italia)……………………….65-67
20. Comparación de monedas de Copia y
Valentia (Italia)……………………………………..……68-69

21. Comparación entre la gens Fabia Maxima,
Thurium (Italia), valentia (Italia) y Valentia (Hispania)
…………………………………………………………………..70-81
22. ¿Las mismas familias de questores acuñando
en Valentia (Hispania) y Thuriam (Italia)?…..…………...82-83
23. Necrópolis de vencedores, vencidos y emigrantes:
Vibo Valentia (Italia)// Valentia (Hispania) ……………..84-87
24. Thuriam y su fuente Thuria (Italia)//
Valentia y su río Túria (Hispania)……………...…………88-91
25. Veterani et Veteres………………………………….......92-93
26. Conclusión………………………………………….....94-97

BIBLIOGRAFÍA………………………………………..98-99

Als meus pares, Miquel "Sulema", a la meua mare, Francesca Maties, a la meua germana Verónica. A cadascun dels meus familiars, a la meua avia i al meu gat Hamlet que no estan ja fisicament aci, i als amics i amigues, Vicent, Asins, Maria Jesús,..., tots en resum que sempre han estat ahí, al costat d'aquell que intenta defendre el que creu que es just. I a aquells que es creuen que ho saben tot, i que no saben com fer mal, que el temps els coloque on es mereixen, ja que com deia Shakespeare: "El mundo es un jardin, lleno de malas hierbas", i jo dic, que també hi ha roses i orquidees.

Prólogo

Son abundantes las publicaciones existentes sobre la Valencia romana , y después de la publicación de aguna tesis, parecía que todo estaba ya dicho y escrito, en sus pautas más importantes, lo que viniera después, iban a ser, en todo caso, matices.

Cuando uno estudia todo lo dicho hasta hoy, sobre la fundación de Valentia (Hispania), parecía quedar claro, aparentemente, que unos soldados veteranos (para otros, los soldados de Viriato, el "feroz" defensor indígena contra los romanos) vinieron desde los lindes de la actual Portugal a fundar una ciudad en lo que hoy es la ciudad de Valencia, en la costa mediterránea, en el año 138 a.c.

Pero cuando uno analiza las fuentes escritas, fundamentales para cualquier estudio que se precie, y las suma a las fuentes arqueológicas, aparecen dudas de tal calibre sobre los orígenes de Valencia que uno debe intentar responder qué sucede.

Se que el precio que uno puede correr al ir contra-corriente, es el de perecer ahogado, pero es un precio justo si es en beneficio de la ciencia, y la asfixia no es cientifica sino debida a otros intereses que podría entrar a valorar, pero no quiero entristecer al lector.

Este humilde estudio, habla de "**Una** fundación de Valencia" y no de "**La** fundación de Valencia", ya que lo que está aquí escrito no es la verdad, sino un intento, como todo trabajo cientifico, de acercarse a ella. Es un canto a la posibilidad, a la probabilidad, al "¿por qué no?", dejando los dogmas (que tanto han afectado este país desde la época medieval) y a los omni-sapientes y sus cortesanos, que cuando no se aceptaban o se cuestionaban sus palabras, atacaban desesperadamente, proclamando una especie de "guerra santa" originada por el movimiento tectónico ocasionado, al removerse los cimientos de sus edificos mal construidos de sus arquitecturas temporales, señalando con el dedo y con todos los medios a su alcance, al rival, como si de la cacería del zorro se tratara. Me gustaria que esto que acabo de escribir solo fuera algo del "pasado"…

Lo que seguidamente van a leer, es un estudio en el que discrepo de la teoria de la venida de gente de la Lusitania a fundar la Valencia mediterránea. Defiendo la llegada de gente de la zona del Bruttium y la Lucania italianas, después de la segunda Guerra Púnica, a su término en la Península Italiana.

Querer explicar la fundación de Valencia, sin tener muy encuenta Saguntum, es un error brutal. Saguntum fue el detonante de una guerra mundial de aquel tiempo, y fundar Valentia a su lado, a 25 km, es una respuesta, una manera de cerrar el círculo, de cerrar la herida, proceso en el que no podemos olvidar a Quintus Máximus Fabius Cunctator, el defensor de Saguntum ante el senado cartaginés y que se negó a extender la guerra a Cartago , en Africa.

Para los seguidores de Quintus y para él, la Segunda Guerra Púnica había terminado cuando se había expulsado a Anibal de Italia, y por eso, se levantó la ciudad romana de Valentia (Hispania) con gente de Turia (la Thourioi griega, la ciudad que había permanecido fiel a Roma en contra de Aníbal) y con la gente de Valentia (Italia), la nueva colonia edificada junto a la traidora a Roma de Hipponion, Vipponium o Vibo, como se llamó en diferentes momentos de la historia. Todo para que los vencidos y los vencedores recordaran que estaban ahí, gracias o debido a Saguntum.

Con las élites de Turia (Italia) y con las élites de la nueva (Valentia) italiana, se llevó a cabo la creación de la élite ciudadana de la neonata ciudad de Valentia (Hispania).

El mismo esquema de dominantes y dominados que había en las ciudades italianas acabadas de nombrar, se transplantó a Valentia (Hispania).

La mayor parte de la población sumisa de la ciudad fueron los desheredados de Hipponion (Italia), cuyos vecinos de la depredadora Valentia (Italia), les habían arrebatado las tierras, convirtiéndolas en latifundios y su dignidad, convirtiendoles en bufones a muchos de ellos, y prohibiendoles incluso su participación en el ejército.

Los cadáveres de la necrópolis más antigua de Valencia (Hispania), no presentan heridas, lo que no se explica si fueran veteranos, y se entiende si no eran más que deportados sin pasado militar, supervivientes de las limpiezas étnicas llevados a cabo por los romanos, como queda patente en la necrópolis de conquista de la ciudad de Hipponion (Italia), actual ciudad italiana de Vibo Valentia, cuyo nombre es el suma de dos ciudades, la conquistada Hipponion, Vipponium o Vibo (a modo de campo de concentración humillado) y la conquistadora colonia romana de Valentia, construida como imposición de los vencedores y auténtico depredador económico de los derrotados.

Las tumbas de Valentia (Hispania), son de tradición griega , con sus tumbas en cámara y pasillo (hipogeo y dromos) y el *strigilis* de hierro, instrumento para limpiarse la piel de tradición griega. Además sus nombres son oscos, al igual que la gente de Hipponion, y al igual que mucha gente de Turia (Italia).

Sus monedas son el antecedente directo de las de Valencia (Hispania), al igual que sus motivos simbolicos en las monedas; el mismo nombre de la ciudad (Valentia), y el del rio Turia, que hallamos aquí en la Valentia hispánica, provienen de estas dos ciudades italianas, Turia y Valentia, que además los cientificos italianos no dudan en calificar en tantas cosas en Italia, como "gemelas".

No olvidemos que aporto también el dato inédito de las monedas de Turia (Italia), llamada también en época romana "Copia", que tiene los nombres de magistrados monetales, que coinciden en siglas con los de aquí en Valencia (Hispania).

Todas estas cosas que hasta hoy no eran más que pequeñas insinuaciones en la historiografia actual, y algunas de ellas ni tan siquiera se conocían, es lo que aquí se va a poder leer.

Todas las coincidencias y datos nuevos aquí aportados, son un intento de dar respuesta a una serie de preguntas que cualquier científico tiene derecho, o mejor dicho, el deber, de intentar, al menos contestar.

Ni Lusitania, ni Pompeya, donde se focalizan, reiterada, obsesiva y futilmente, los estudios intentando buscar un improbable origen de los primeros pobladores de Valentia, pueden ofrecer tantos datos y coincidencias como otras zonas hasta hoy inexistentes en los estudios sobre la Valentia hispánica.

Con la satisfacción de que la ciencia no es obediencia, y consciente de que ya es hora de dar un golpe de timón a un barco que no solo está encayado en la orilla, sino que hace agua desde hace muchos años, cambiemos de rumbo...

A) EXPLICACIÓN DESDE HISPANIA

Se divide este estudio en A), dedicada a los datos procedentes y referentes en Hispania, y la parte B) , es el salto a Italia, de donde procede la gente que crea lo que hoy llamamos Valencia, ya que,comparando, querer explicar la Historia de América sin hablar de la llegada europea, es algo que no entenderíamos, así como las razones de todo tipo que hacen que la gente llegue en barco desde la otra parte del mundo a este continente.

Pero empezemos en la península Ibérica

1-Precedentes

Supongo que por tener mis raices en el Port de Catarroja, de l'Albufera, siempre he querido conocer cómo era este lugar en el pasado. Afortunadamente di con la primera representación del lago, hasta entonces no clasificada como tal, en la que se puede ver edificios anteriores a la romanidad, en lo que son las cercanías de la actual Valencia (nacida en la desembocadura del río Túria y junto al lago de l'Albufera, ambiente, parecido al de la Roma de los inicios), pintada en un vaso de la Lliria ibérica (la Edeta romana), datado entre el siglo II-I a.c. **(FIG-1)**

En ella, se representa una escena de guerra, que he podido relacionar con el lago de l'Albufera de Valencia.

¿Qué vemos en ella?

Un guerrero vestido con toda la panoplia militar ibérica, ataca y es atacado por una serie de embarcaciones de poco calado, prótomo de lobo y vela cuadrada.

Como decoración, nenúfares, un pato que sale volando del agua, peces de diversos tamaños y al fondo, una especie de triángulos con patas.

Todo indica que estamos hablando de palafitos. Una de estas construcciones posee una especie de pasillo de entrada más bajo que el resto de la casa. Estos triángulos están apoyados por una serie de líneas, son troncos, que aguantan el resto de la construcción. Como se observa, estas construcciones están junto a la orilla. **(FIG-2)**

Este tipo de construcciones palafíticas de madera, han sido empleadas en l'Albufera de Valencia hasta hace pocas décadas **(FIG-3)**, e incluso las construcciones de principios del siglo XX, de ladrillo y cemento, tienen en sus cimientos, como base toda una serie de troncos de pino clavados para levantar encima la casa. De esta forma, al ser un terreno fangoso, estas estacas permitían una fuerte base a partir de la cual sostener el resto del edificio.

La aparición de hachas de piedra pulidas a las orillas del lago, lago densamente poblado de bosques en épocas arcaicas, indica un aprovechamiento de este recurso, y su empleo en la construcción. Lamentablemente este sistema de vida lacustre, hace que, como en los palafitos suizos, de estas construcciones (si tenemos la suerte de encontrarlas en el futuro bajo una villa romana de las varias que hay junto al lago), mostraran solo la base de madera de estos pilotes, algo normal en este tipo de efímeras construcciones.

FIG-1. Escena de guerra pintada en un vaso ibérico de Lliria.

FIG-2. Detalle de la escena de guerra con palafitos en el fondo de la imagen.

FIG-3. Fotografías antiguas de palafitos de l'Albufera del siglo XIX.

2- La inexistente fundación de Junio Bruto de Valencia

A la pregunta, ¿Fundó Junio Bruto Valencia, con veteranos de las Guerras de Lusitania? La respuesta se puede resumir en: no.

Tito Livio, historiador romano, escribió sobre la historia de la República Romana. De sus 142 libros de su Historia de Roma, la mayoría están perdidos, pero tenemos un extracto llamado "Periochae". En él, se encuentra, una frase más, que se ha considerado como "frase fundacional":

En su Libro LV:
"*Iunius Brutus cos. in Hispania iis qui sub Viriatho militaverant agros et oppidum dedit, quod vocatum est Valentia*".

TRADUCCIÓN:
"Junio Bruto cónsul en Hispania, a aquellos que bajo Viriato sirvieron (lucharon) dio campos y un recinto, que llamado es Valentia"

Esta simple frase, ha sido empleada como frase fundacional de Valentia. Veamos en qué punto se encuentra su interpretación actual.

Ha habido diferentes opiniones que pueden resumirse en la tesis de Albert Ribera sobre la fundación de Valentia:

"*El principal problema d'un text en aparença clar és el significat de: sub Viriatho militaverunt. La majoria dels investigadors li han donat el sentit que sembla más literal, en el qual cal interpretar la preposició sub com a "sota" o, "a les ordres de". Aquesta traducció implica que serien els lusitans els primers pobladors de la ciutat.*

Altra porció dels estudiosos és partidaria d'una altra opció, per no creure's que els romans foren capaços d'instalar a un lloc com Valentia un nucli de gent perillosa com els supervivents de l'exercit de Viriat. Aquests li donen un significat distint, que seria temporal, en temps de o a les guerres de.

Altres autors antics cementen un episodi de donacions de terres i d'una ciutat, que no hi apareix nomenada, als guerres de Tautal, el sucesor de Viriat. Concretament, Diodor de Sicilia, que escrigué entre el 60 i el 30 a.c. diu que Q. Servilius Caepio, cònsol al 140 a.c. després de la desfeta dels lusitans, als supervivents "els concedí terres i una ciutat per establir-s'hi" (DIODOR, 33,1,3). Appià, que escriu al segle II d.c., en tractar els mateixos fets, tan sols fa esment de la concessió de les terres, sense que hi aparega la ciutat: Els concedí terra suficient per tal que la necessitat no els impel.lís al bandidatge"(Appià, Iberika, 75).

Molts investigadors han relacionat aquests esdeveniments amb el text de Livi, tot i que, malgrat que són paleses les ressemblances, hi ha alguna contradicció, com seria que en Livi és D. Iunius Brutus l'autor de la fundació i en els alters dos és Caepio.

L'explicació d'aquest embolic, per variada, no és més senzilla. Podríem pensar que un cónsul, Iunius Brutus, continuaria la tasca de l'anterior. També s'ha indicat que el resumidor de Livi, hauria pogut refondre dos fets propers en el temps, en un asoles, és a dir, que no es crearía una sinó dues ciutats, Brutóbriga i Valentia (WIEGELS, 1975).

Altres qüestions del curt text de Livi es relacionen amb les dues oracions gramaticals següents a militaverunt, que alguns han fet servir per a suposar que la ciutat ja existia quan s'hi instal.laren els colons de Brutus, en interpretar agros et oppidum dedit, que no és altra cosa que una fórmula jurídica usual utilitzada moltes vegades per a casos semblants, en el sentit que es va donar als nous asentats un oppidum ja format. Llavors, no hi hauria una fundació propiament dita, sino la instal.lació de gent en un lloc urbà constituit des d'abans. Seguint en l'argument anterior, alguns han volgut veure que la traducció escaient de quod vocatum est Valentia, deuria referir-se no al nom d'una ciutat nova, sinó al canvi de nom del primitiu oppidum. Amb tot, la gran majoria dels autors no han seguit aquestes forçades traduccions i s'han inclinat per la que sembla més lògica: "...els donà camps i una ciutat, la quals va posar el nom de Valentia". (RIBERA, 99-100, 1998).

Y volviendo a citar a Ribera: *"El principal problema de un text en aparença clar és el significat de: sub Viriatho militaverunt. La majoria dels investigadors li han donat el sentit que sembla más literal, en el qual cal interpretar la preposició sub com a "sota" o, "a les ordres de". Aquesta traducció implica que serien els lusitans els primers pobladors de la ciutat."*

En este punto, se cita la opinión según la cual, *sub Viriato militaverunt*, en su sentido literal, significa "a las órdenes de; "bajo las ordenes de". Yo creo que es la más lógica y literal interpretación de esta frase que da Tito Livio. Pero, cuando dice Ribera, que esta traducción implica que serían lusitanos los primeros pobladores de la ciudad, ya da por sentado que la Valentia del texto, es la actual Valencia, cosa que veremos es una aberración histórica interpretativa.

Evidentemente, ese oppidum de la Lusitania al que llama Valentia, se les da a los lusitanos, sin duda, pero no en la Valencia de la costa, sino en territorio lusitano. Esto ya lo veremos más adelante.

Sigue diciendo Ribera, que otra parte de los estudiosos es partidaria de otra opción, que no cree que Valentia (la de la costa mediterránea) fuera un lugar donde los romanos se atrevieran a instalar gente peligrosa del ejército de Viriato.

Por supuesto, yo no creo que cabría en la cabeza de ningún romano instalar peligrosos lusitanos, en un lugar junto a Sagunt, etc., como después ampliaré.

Sigue citando que hay autores antiguos que se basan en unas donaciones de tierras y una ciudad, (que no aparece nombrada), en las guerras de Tautalo, sucesor de Viriato, basándose en un texto de Diodoro Sículo (DIODOR, 33, 1, 3). Y que Apiano, tratando de los mismos hechos, hace mención de concesión de tierras, sin que aparezca la ciudad (Appiano, Iberika, 75). Y Ribera sigue diciendo, que aunque hay ciertas semejanzas, hay una contradicción, como sería el que *D. Iunius Brutus, es el autor de la fundación"* en el texto de Tito livio, y Caepio en las otras dos.

Siguiendo el discurso de Ribera, se afirma que hay contradicción entre Tito Livio, por una parte y Diodoro Siculo y Apiano, por la otra, y eso no es correcto. Apiano, habla de **dos** momentos, con **dos** entregas de territorio, no una. Una que Roma encarga a Brutus para con el ejército de Viriato por haber firmado la paz, que es la que coincide con la época de Junio Brutus, en el capítulo 69 de Apiano (que A. Ribera no cita ni una sola vez), y otra la de Caepio, en el capítulo 75 de Apiano y Diodorio Siculo (XXXIII, V), que es la que cita Ribera.

Si este capítulo 69, de Apiano se hubiera comparado con el Tito Livio, no habría más que discutir.

Por último, respecto a la frase *"agros et oppidum dedit, quod vocatum est Valentia"*, el único punto de discusión sería el apelativo de *oppidum*, que Ribera traduce por ciudad, aunque creo más prudente, traducir por "recinto" sin apellidos ni otras consideraciones mayores, que no se dicen en el texto original.

Pero lo que he observado, es la carencia de un estudio que busque y sitúe los hechos anteriores y posteriores a la frase de Tito Livio y en los autores citados, Apiano y Diodoro Sículo, cosa que voy a hacer seguidamente:

3-Textos

1) TITO LIVIO

LIBRO 52

En Hispania, Viriato (quien primero cambió desde ser un pastor a un cazador, después en bandido, y pronto en un líder de un ejército) ocupó toda Lusitania, dirigió su ejército contra el pretor Marcus Vetilius y lo capturó, después de lo cual el pretor Caius Plautius luchó sin ninguna suerte. Este enemigo inspiró mucho miedo por lo cual un cónsul y su ejército fue necesario.

LATIN: Viriathus in Hispania (primum ex pastore venator, ex venatore latro, mox iusti quoque exercitus dux factus) totam Lusitaniam occupavit, M. Vetilium praetorem fuso eius exercitu cepit, post quem C. Plautius praetor nihilo felicius rem gessit; tantumque terroris is hostis intulit ut adversus eum consulari opus esset et duce et exercitu.

LIBRO 54

[139] En Hispania, prococunsul Q. Fabius alcanzó éxitos pero disminuidos porque concluyó en un tratado de paz con Viriato en términos de igualdad.

LATIN: Q. Fabius procos. rebus in Hispania prospere gestis labem imposuit pace cum Viriatho aequis condicionibus facta.

Viriato fue asesinado por traidores, instigados por Servilius Caepio, y fue profundamente llorado por sus soldados, quienes le dieron un magnífico funeral. Durante 14 años, este gran hombre y comandante había llevado la guerra contra los romanos, a menudo victoriosamente.

LATIN : Viriathus a proditoribus, consilio Servili Caepionis, interfectus est et ab exercitu suo multum comploratus ac nobiliter sepultus, vir duxque magnus et per XIIII annos quibus cum Romanis bellum gessit, frequentius superior.

LIBRO 55

En Hispania, consul Junius Brutus dió tierra y un recinto, llamado Valentia, a aquellos que habían luchado bajo Viriato.

LATIN: Iunius Brutus cos. in Hispania iis qui sub Viriatho militaverant agros et oppidum dedit, quod vocatum est Valentia.

Después el Senado, rechazó firmar un tratado de paz, marco Popilius y su ejército fue derrotado por los numantinos.

LATIN: M. Popilius a Numantinis, cum quibus pacem factam inritam fieri senatus censuerat, cum exercitu fusus fugatusque est.

[137] Arrasando todas las ciudades hasta que alcanzó el océano, Decimus Junius Brutus subyugó Lusitania completamente, y cuando sus soldados recharazon cruzar el río Oblivion , él tomó el estandarte de su portador, lo llevó a través del agua, y persuadió a los demás de seguirle.

LATIN: Decimus Iunius Lusitaniam expugnationibus urbium usque ad Oceanum perdomuit, et cum flumen Oblivionem transire nollent, raptum signifero signum ipse transtulit et sic ut transgrederentur persuasit.

LIBRO 56

Más allá en hispania, Decimus Junius Brutus existosamente luchó contra los Galecios.

LATIN: Decimus Iunius Brutus in Hispania Ulteriore feliciter adversus Gallaecos pugnavit.

Estas son las referencias a Bruto y Viriato en Tito Livio en relación con Hispania y la Guerra lusitana.

Este hecho histórico, está repetido y demostrado, en la obra del conocido historiador Apiano Alejandrino, que es el autor de una Historia de Roma y uno de los más respetados historiadores de origen griego. La parte de la Historia de la Guerras Civiles Romanas, ha sobrevivido completas, y grandes partes de otros libros nos han llegado. Su descripción de las guerras en Hispania, está entre los mejores conservados.

2) APIANO ALEJANDRINO

69 - Mientras seguía a Viriato, Servilianus asedió Erisana, uno de sus pueblos. Viriato entró al pueblo por la noche, y al amanecer cayó sobre los que estaban haciendo las trincheras, animándoles a que abandonaran sus espadas y corrieran.

De la misma manera derrotó al resto del ejército, el cual había sido puesta en orden de batalla por Sevilianus, los siguió, y condujo a los romanos entre algunos peñascos en los cuales no había escapatoria.

Viriato no era arrogante a la hora de la victoria, pero considerando que esta era una oportunidad favorable para llevar la guerra a fin y ganar la gran gratitud de los romanos, hizo un acuerdo con ellos, y ese acuerdo fue ratificado en Roma.

Viriato fue declarado amigo del Pueblo Romano, y fue decretado que todos los que le habían seguido tuvieran la tierra que ellos habían ocupado. Así, la guerra de Viriato, que había tan extremadamente tediosa para los romanos, pareció haber sido resuelta satisfactoriamente y llevada al final.

GRIEGO - 69. tous sun autôi pantas echeirokopêsen, Ouriatthon de diôkôn Erisanên autou polin apetaphreuen, es hên ho Ouriatthos esdramôn nuktos hama heôi tois ergazomenois epekeito, mechri ta skapheia rhipsantes epheugon. tên te allên stratian, ektachtheisan hupo tou Serouilianou, trepsamenos homoiôs Ouriatthos ediôke, kai sunêlasen es krêmnous, hothen ouk ên tois Rhômaiois diaphugein. Ouriatthos de es tên eutuchian ouch hubrisen, alla nomisas en kalôi thêsesthai ton polemon epi chariti lamprai, sunetitheto Rhômaiois, kai tas sunthêkas ho dêmos epekurôsen: Ouriatthon einai Rhômaiôn philon, kai tous hup' autôi pantas hês echousi gês archein. hôde men ho Ouriatthou polemos edokei pepausthai, chalepôtatos te Rhômaiois genomenos kai epi euergesiai katalutheis

70 - La paz no fue de larga duración, Quintus Servilius Caepio, hermano de Servilianus que la había concluido, y su sucesor en el mando, se quejó del tratado, y escribió a Roma que estaba más indignado aún de la actitud de los romanos. El Senado, al principio le autorizó en dañar a Viriato de acuerdo con su discreción, ayudándole secretamente. Con persistencia y continuamente enviando cartas el procuró la ruptura del tratado y la renovación de hostilidades abiertas contra Viriato. Cuando la guerra fue declarada públicamente, Caepio tomó el pueblo de Arsa, el cual Viriato abandonó, y siguió al mismo Viriato (el cual destruyó todo en su camino), tan lejos como la Carpetania, siendo las tropas romanas más fuertes que las de él, juzgó imprudente pelear en batalla, teniendo en cuenta el tamaño de su ejército, ordenó a gran parte de él a batirse en retirada en un escondido desfiladero, mientras el esperaba sobre una colina. Cuando pensó que los que él había enviado anteriormente habían alcanzado un lugar de seguridad, se lanzó detrás de ellos, con tal menosprecio del enemigo y tal rapidez que sus perseguidores (romanos) no sabían donde había ido. Caepio, volvió contra los Vettones y los Gallaici y arrasó sus campos.

GRIEGO - 70. ou mên epemeinen oud' es brachu ta sug keimena: ho gar adelphos Serouilianou tou tauta sunthemenou, Kaipiôn, diadochos autôi tês stratêgias genomenos dieballe tas sunthêkas, kai epestelle Rhômaiois aprepestatas einai. kai hê boulê to men prôton autôi sunechôrei krupha lupein ton Ouriatthon ho ti dokimaseien: hôs d' authis ênôchlei kai sunechôs epestellen, ekrine lusai te tas spondas kai phanerôs polemein authis Ouriatthôi. epsêphismenou dê saphôs, ho Kaipiôn Arsan te polin eklipontos Ouriatthou parelabe, kai auton Ouriatthon pheugonta te kai ta en parodôi phtheironta peri Karpêtanian katelabe, polu pleionas echôn. hothen ho Ouriatthos ou dokimazôn autôi sumplekesthai dia tên oligotêta, kata men tina pharanga aphanê to pleon tou stratou periepempsen apienai, to de loipon autos ektaxas epi lophou doxan pareiche polemêsontos. hôs d' êistheto tôn proapestalmenôn en asphalei gegonotôn, exippeusen es autous meta kataphronêseôs, oxeôs houtôs hôs mêd' aisthesthai tous diôkontas hopoi diedramen. ho de Kaipiôn es Ouettônas kai Kallaïkous trapeis ta ekeinôn edêiou.

71 - Emulando el ejemplo de Viriato, muchas bandas hicieron incursiones en Lusitania. Junio Brutus, que fue enviado contra ellos desesperado de seguirles a través del territorio extenso atravesó por los ríos Tagus, Letheo, Durius, y Baetis, porque él consideró extremadamente difícil acometerles mientras que iban de un lugar a otro como ladrones, y más vergonzoso no hacerlo, siendo un trabajo no muy glorioso aunque los conquistara.

Brutus fue contra sus pueblos, pensando que así tomaría venganza de ellos, y asegurando al mismo tiempo una segura cantidad de botín para su ejército y así los ladrones se desperdigarían, cada uno a su lugar, cuando sus hogares fueran amenazados. Con este plan, empezó a destruir lo que encontró en su camino. Aquí el encontró mujeres que luchaban y morían en compañía de sus hombres con tal bravura que ellas no pronunciaban ni gritaban incluso en medio de la muerte. Algunos de sus habitantes huyeron a las montañas que pudieron alcanzar, y a aquellos, cuando pidieron perdón, Brutus se lo concedió, tomando sus bienes.

GRIEGO – 71. Kai zêlôi tôn ergôn Ouriatthou tên Lusitanian lêistêria polla alla epitrechonta eporthei. Sextos de Iounios Broutos epi tauta pemphtheis apegnô men auta diôkein dia chôras makras, hosên ho Tagos te kai Lêthês kai Dorios kai Baitis potamoi nausiporoi periechousin, oxeôs, hoia dê lêistêria, methistamenous duserges hêgoumenos einai katalabein, kai aischron ou katalabonti, kai nikêsanti to ergon ou lampron: es de tas poleis autôn etrapeto, dikên te lêpsesthai prosdokôn, kai têi stratiai polu kerdos periesesthai, kai tous lêistas es hekastên hôs patrida kinduneuousan dialuthêsesthai. ho men dê taut enthumoumenos edêiou ta en posin hapanta, summachomenôn tois andrasi tôn gunaikôn kai sunanairoumenôn, kai ou tina phônên oud' en tais sphagais aphieisôn. eisi d' hoi kai es ta orê meth' hôn edunanto anepêdôn: kai autois deomenois sunegignôsken ho Broutos, kai ta onta emerizeto.

72 - El cruzó el río Durius, llevando la guerra a lo largo y ancho y tomando rehenes de aquellos que se rendían, hasta que llegó al rio Leteo, siendo el primer romano que pensó en cruzarlo. Al pasarlo llegó a otro río, Nimis, donde atacó a los Bracari por haber atacado su convoy de abastecimiento. Era una gente muy guerrera, las mujeres empuñando armas con los hombres, que luchaban sin girarse, nunca mostrando sus espaldas, o sin exclamar un grito. De las mujeres capturadas algunas se mataron ellas mismas, otras estrangularon a sus hijos con sus propias manos, considerando la muerte preferible a la esclavitud. Hubo algunos pueblos que se rindieron a Brutus y pronto después se sublevaron siendo reducidos de nuevo.

GRIEGO – 72. Kai ton Dorion perasas polla men polemôi katedrame, polla de para tôn hautous endidontôn homêra aitêsas epi Lêthên metêiei, prôtos hode Rhômaiôn epinoôn ton potamon tonde diabênai. perasas de kai tonde, kai mechri Nimios heterou potamou proelthôn, Brakarôn autôi pheromenên agoran harpasantôn estrateuen epi tous Brakarous, hoi eisin ethnos machimôtaton, kai hama tais gunaixin hôplismenais kai hoide emachonto, kai prothumôs ethnêskon, ouk epistrephomenos autôn oudeis, oude ta nôta deiknus, oude phônên aphientes. hosai de katêgonto tôn gunaikôn, hai men hautas diechrônto, hai de kai tôn teknôn autocheires eginonto, chairousai tôi thanatôi mallon tês aichmalôsias. eisi de tines tôn poleôn hai tote men tôi Broutôi prosetithento, ou polu d' husteron aphistanto. kai autas ho Broutos katestrepheto authis.

73 - Uno de esos pueblos que se rebelaron fue Talabriga. Cuando Brutus fue contra ellos, los habitantes pidieron perdón y ofrecieron la rendición a discreción. Brutus demandó de ellos a todos los desertores, los prisioneros y armas que ellos tuvieran, así como los rehenes, ordenó que estos, sus mujeres y niños fueran evacuados del pueblo. Cuando obedecieron estas órdenes, él los rodeó con su ejército e dirigió un discurso a ellos, diciéndoles las muchas veces ellos se habían rebelado y renovado en su guerra con él. Les inspiró miedo y con la creencia que el podía inflingirles un terrible castigo, cesó sus reproches. Habiéndoles privado de sus caballos, provisiones, dinero público, y otros recursos generales, y se los devolvió a sus habitantes, al contrario de lo que ellos esperaban. Habiendo cumplido sus objetivos, Brutus volvió a Roma. He unido estos hechos con la historia de Viriato, porque ellos fueron llevados a cabo por otras bandas (guerrillas) al mismo tiempo, y en emulación de él. .

GRIEGO – 73. Epi de Talabriga polin elthôn, hê pollakis men autôi sunetetheito, pollakis de apostasa ênôchlei, parakalountôn auton kai tote tôn Talabrigôn kai didontôn hautous es ho ti chrêizoi, prôta men tous automolous Rhômaiôn êitei kai ta aichmalôta, kai hopla hosa eichon, kai homêra epi toutois, eit' autous ekeleuse sun paisi kai gunaixin ekleipein tên polin. hôs de kai touth' hupestêsan, tên stratian autois peristêsas edêmêgorei, katalegôn hosakis apostaien kai hosous polemous polemêseian autôi. phobon de kai doxan emphênas ergasomenou ti deinon, epi tôn oneidôn elêxe, kai tous men hippous autôn kai ton siton kai chrêmata hosa koina ên, ê ei tis allê dêmosia paraskeuê, panta perieile, tên de polin authis oikein edôken ex aelptou. tosade men dê Broutos ergasamenos es Rhômên apêiei. kai auta es tên Ouriatthou graphên sunêgagon, en tôi autôi chronôi dia ton ekeinou zêlon hupo lêistêriôn allôn arxamena gignesthai.

74 - Viriato envió a sus amigos de confianza Audax, Ditalco, y Minurus a Quintus Servilianus Caepio a negociar una nueva paz. Este último, sobornó con grandes regalos y promesas si asesinaban a Viriato. Viriato, debido a tantos esfuerzos y trabajos, dormía poco, y la mayor parte descansaba en su armadura de este modo estar preparado por si había alguna emergencia. Por esta razón, el permitía a sus amigos, visitarle por la noche. Aprovechando esta costumbre, aquellos que estaban asociados con Audaz en guardarle, entraron a su tienda como si tuvieran asuntos urgentes , aprovechando que estaba dormido, lo asesinaron asestándole puñaladas en la garganta, la única parte de su cuerpo, no protegida con la armadura. La naturaleza del daño fue tal que nadie sospechó lo que se había ocurrido (realmente).

Los asesinos acudieron a Caepio y le pidieron el resto del pago. En principio les dio permiso para disfrutar con seguridad de lo que habían recibido; para el resto de sus demandas les remitió a Roma.

Cuando la luz del día los ayudantes de Viriato y el resto del ejército pensaron que estaba aún descansando y se preguntaron sobre su inusual larga falta de respuesta hasta que algunos descubrieron que estaba muerto en su armadura. Inmediatamente hubo un dolor y lamentación en todo el campo, todos ellos lamentándose por él, temerosos de su propia seguridad, pensando en los peligros en que estaban, y lo que su general haría. Muchos de ellos estaban agraviados por no pode encontrar a los culpables.

GRIEGO – 74. Ouriatthos de Kaipiôni peri sumbaseôn tous pistotatous hautôi philous epepempen, Audaka kai Ditalkôna kai Minouron, hoi diaphtharentes hupo tou Kaipiônos dôrois te megalois kai huposchesesi pollais hupestêsan autôi ktenein ton Ouriatthon. kai ekteinan hôde. oligoüpnotatos ên dia phrontida kai ponous ho Ouriatthos, kai ta polla enoplos anepaueto, hina exegromenos euthus es panta hetoimos eiê. tois oun philois exên kai nuktereuonti entunchanein. hôi dê kai tote ethei hoi peri ton Audaka phulaxantes auton, archomenou hupnou parêlthon es tên skênên hôs dê tinos epeigontos, kai kentousin hôplismenon es tên sphagên: ou gar ên allothi. oudemias d' aisthêseôs genomenês dia tên tês plêgês eukairian, diedrasan es Kaipiôna kai tas dôreas êitoun. ho d' autika men autois edôken adeôs echein hosa echousi, peri de hôn êitoun, es Rhômên autous epempen. hoi de therapeutêres Ouriatthou kai hê allê stratia, genomenês hêmeras, anapauesthai nomizontes auton ethaumazon dia tên aêtheian, mechri tines emathon hoti nekros keoito enoplos. kai euthus ên oimôgê te kai penthos ana to stratopedon, algountôn te ep' ekeinôi kai peri sphôn dediotôn, kai enthumoumenôn en hoiois eisi kindunois kai hoiou stratêgou sterountai. malista de autous, hoti tous drasantas ouch hêuriskon, huperêlgunen.

75 - Ellos engalanaron el cuerpo de Viriato con espléndidos vestidos y lo quemaron en una pira funeraria. Muchos sacrificios fueron a él ofrecidos. Tropas a caballo y a pié en armaduras marcharon a su alrededor cantando sus oraciones al modo bárbaro. Ninguno de ellos partió hasta que el fuego de la pira funeraria se extinguió. Cuando las exequias fúnebres terminaron, hicieron combates del tipo de los gladiadores en su tumba. Tan grande fue el anhelo por Viriato después de su muerte (un hombre que tenía las mas altas cualidades de un dirigente reconocido entre los bárbaros, siempre el primero en encarar el peligro y más exacto en dividir el botín. Él nunca consintió tomar "la parte del león", incluso cuando los amigos se lo pedían, y lo que el tenía lo dividía entre los más bravos. Así consiguió (lo que ningún otro dirigente nadie antes había conseguido tan fácilmente), que en 8 años de guerra, en un ejército compuesto de varias tribus, no hubiera jamás ninguna sedición, los soldados fueran siempre obedientes y sin temor delante del peligro.

Después de su muerte, eligieron un general llamado Tantalus que hizo una expedición contra Sagunt, la ciudad a la que Anibal había conquistado y reestablecido y llamado Nueva Cartago, después de su propio país. Cuando ellos fueron expulsados de este lugar y cruzaron el río Baetis, Caepio presionó a ellos tan duramente que Tantalus exhausto y rendido su ejército a Carpio en condiciones que podían ser tratados como súbditos. Caepio tomó sus armas y les dio suficiente tierra, para que no tuvieran que dedicarse al robo .De este modo la Guerra Viriática, acabó.

GRIEGO – 75. Ouriatthon men dê lamprotata kosmêsantes epi hupsêlotatês puras ekaion, hiereia te polla epesphatton autôi, kai kata ilas hoi te pezoi kai hoi hippeis en kuklôi peritheontes auton enoploi barbarikôs epêinoun, mechri te sbesthênai to pur parekathênto pantes amph' auto. kai tês taphês ektelestheisês, agôna monomachôn andrôn êgagon epi tou taphou. tosouton hautou pothon katelipen Ouriatthos, archikôtatos men hôs en barbarois genomenos, philokindunotatos d' es hapanta pro hapantôn, kai isomoirotatos en tois kerdesin. ou gar pote pleon hupestê labein, aei parakalountôn: ho de kai laboi, tois aristeusasin edidou. hothen autôi, duscherestaton ergon kai oudeni pô stratêgôn eumarôs engenomenon, etesin oktô toude tou polemou pammigês stratos astasiastos ên kai katêkoos aei kai es tous kindunous oxutatos. tote de sphôn Tantalon helomenoi stratêgein, epi Zakanthan epheronto, hên Annibas kathelôn ektise kai apo tês hautou patridos Karchêdona proseipen. apokroustheisi d' autois ekeithen, kai ton Baitin potamon perôsin, ho Kaipiôn epekeito, mechri kamnôn ho Tantalos hauton te kai tên stratian tôi Kaipiôni paredôken hôs hupêkoois chrêsthai. ho de hopla te autous apheileto hapanta, kai gên edôken hikanên, hina mê lêisteuoien ex aporias.

3) DIODORO SICULO

LIBRO XXXIII

"V. Los lusitanos que no tenían en primer lugar a su cabeza un jefe bastante hábil, se fueron vencidos por los romanos. Pero poniéndose a continuación bajo la dirección Viriathus, provocaron a los romanos a su vez grandes pérdidas.

Éste había nacido en la parte de Lusitania que mira al Océano. Acostumbrado desde su infancia a la profesión de pastor, y pasando su vida sobre las montañas, tenía un temperamento muy robusto. Excedía en fuerza y en ligereza de cuerpo a todos los habitantes de su país. Incluso se había acostumbrado a violentos ejercicios, y solo mantenía por medio de una comida muy ligera, y de un sueño muy corto. Tenía siempre sobre él armas de hierro y muy pesadas; y pretendía combatir contra bandidos o contra animales salvajes. Vuelto famoso en su patria por esta clase de ejercicios, se encontró de pronto jefe de los bandidos, y se volvió bastante hábil a la guerra para adquirir la reputación de un gran capitán. Era extremadamente equitativo en la división del botín que distribuía siempre a proporción de las pruebas de valor que se habían dado. Tuvo a menudo encontronazos con los romanos, y triunfó sobre ellos más de una vez. Derrotó entre otros a su comandante Vetilius cuyo a ejército destruyó, quien tomó vivo y que mató de su mano. Ganó ventaja en otras ocasiones, hasta que se nombró Fabius, para controlarlo contra él, comenzando a bajar de reputación.

Sin embargo aún reuniendo a sus tropas, tomó ventaja sobre Fabius mismo, y lo redujo a acuerdos que no parecieron dignos del nombre romano. Pero Caepio que se puso a continuación a la cabeza del ejército contra Viriathus, dio fin estos acuerdos.

Habiéndolo vencido más de una vez, y hasta reducirlo al último infortunio, lo hizo matar por la traición de algunos criados del vencido. Aterrorizó así mismo a Tantalus, sucesor a la muerte (de Viriato), y dominadas sus tropas, él lo condujo a las condiciones que él quiso imponerle, después de que le concedió un territorio e incluso una ciudad para vivir"

4-Comparación entre Tito Livio, Apiano y Diodoro Sículo.

1) TITO LIVIO

Para empezar, podemos preguntarnos si Junio Bruto hizo entrega de tierras a sus militares veteranos de las guerras contra Viriato, o entrega tierras, a los soldados de Viriato. Primeramente, Junio Bruto no entrega nada que Roma no quiera entregar, ya que como veremos, Roma hace entrega a los soldados de Viriato de tierras y una ciudad, en firma de una corta paz. Y además, Junio Bruto, jamás luchó contra Viriato, sino que fueron otros como Caepio, quienes lo hicieron. Cuando Brutus lucha personalmente en Lusitania es para eliminar unas bandas de indígenas que aprovechan la vuelta a la guerra de Viriato y los romanos (después de una paz, que después veremos).

Tito Livio (libro LIV) dice "En Hispania, procónsul Q. Fabius alcanzó éxitos pero disminuidos porque concluyó en un tratado de paz con Viriato en términos de igualdad; *LATIN: Q. Fabius procos. rebus in Hispania prospere gestis labem imposuit pace cum Viriatho aequis condicionibus facta.*, y Apiano (Iberika, 70) afirma, "**La paz no fue de larga duración**, Quintus Servilius Caepio, hermano de Servilianus que la había concluido, y su sucesor en el mando, se quejó del tratado, y escribió a Roma que estaba más indignado aún de la actitud de los Romanos. El Senado, al principio le autorizó en dañar a Viriato de acuerdo con su discreción, ayudándole secretamente. Con persistencia y continuamente enviando cartas él procuró la ruptura del tratado y la renovación de hostilidades abiertas contra Viriato".

A esta paz, también se refiere Diodoro Sículo (libro XXXIII-V) "Sin embargo aún reuniendo a sus tropas, tomó ventaja sobre Fabius mismo, y **lo redujo a acuerdos que no parecieron dignos del nombre romano.** Pero Caepio que se puso a continuación a la cabeza del ejército contra Viriathus, dio fin estos acuerdos".

De este modo, los tres autores coinciden en que se firma una paz de igual a igual entre Viriato y los romanos, a pesar de que los comandantes del ejército romano apostados en la zona de guerra lo consideran insultante. Quedándose meridianamente claro, que es Roma, la que obliga al ejército romano de Lusitania a aceptar esta paz (aunque bajo mano colabore con los suyos).

Es en el contexto de esta paz debemos hacer coincidir obligatoriamente tres factores que tienen que estar unidos a la vez:

1) que Viriato esté vivo,
2) que esté Brutus en Hispania,
3) y que haya un reparto de tierras y un oppidum (en una paz).

Sólo así, tiene sentido el famoso texto de Tito Livio: "*Iunius Brutus cos. In Hispania iis qui sub Viriatho militaverant agros et oppidum dedit, quod vocatum est Valentia*". Esto es: "En Hispania, **consul Junius Brutus a aquellos que habían luchado bajo Viriato, dió tierra y un recinto**, llamado Valentia".

Es decir, Junius Brutus, como cónsul de Roma, por mandato y autorización de Roma (que es a la que representa en Hispania), y con Caepio apretando los dientes, da unas tierras a los que luchaban bajo Viriato, siguiendo el acuerdo ratificado en Roma, tal como queda demostrado en Apiano, del que transcribimos lo siguiente:

"Viriato no era arrogante a la hora de la victoria, pero considerando que esta era una oportunidad favorable para llevar la guerra a fin y ganar la gran gratitud de los romanos, hizo un acuerdo con ellos, y ese acuerdo fue ratificado en Roma.
Viriato fue declarado amigo del Pueblo Romano, y fue decretado que todos los que le habían seguido tuvieran la tierra que ellos habían ocupado. Así, la guerra de Viriato, que había sido extremadamente tediosa para los romanos, pareció haber sido resuelta satisfactoriamente y llevada al final" (Apiano, Iberika, 69).

Y también hace referencia Diodoro Sículo (libro XXXIII-V) "Sin embargo aún reuniendo a sus tropas, tomó ventaja sobre Fabius mismo, y lo redujo a acuerdos que no parecieron dignos del nombre romano".

Por tanto, aquí no hay veteranos de Brutus, ni *deductio*, ni traslado a Valencia de romanos, ni contradicciones entre los autores clásicos.

Por tanto, este es el **único** momento en la historia, en la que coinciden las tres premisas anteriormente anunciadas: 1) que Viriato esté vivo, 2) que esté Brutus en Hispania, 3) y que haya un reparto de tierras y un oppidum (en una paz). De este modo, se firma la única paz de Viriato con Roma, además con la aceptación de territorio tomado por Viriato, por parte de Roma, y en la que Brutus, se encarga de plasmar en suelo Lusitano, lo que Roma le manda, ya que él tiene el consulado en Hispania. Y vuelvo a repetir, que es en este punto, donde tenemos que insertar la famosa frase de Tito Livio de Brutus, el reparto de tierras y el *oppidum*. La historia de los hechos, de los verbos empleados y los personajes, lo demuestran.

Aclarado este punto, que tantos quebraderos de cabeza a llevado, seguiremos en el tiempo, los hechos que siguen, solamente para aclarar que hay otra entrega de tierras y oppidum al sucesor de Viriato más adelante, humillante, y después de una derrota definitiva contra los romanos, y que nada tiene que ver con la frase que hemos analizado porque Brutus, ya estaba en Roma, Viriato muerto, y la entrega de tierras será a un vencido y no entre iguales.

De este modo, seguidamente, a nivel cronológico, cuando se firma la paz de Roma con Viriato y viceversa, muchas tribus aprovechan para saquear diferentes territorios de la Lusitania y Junio Bruto es enviado para acabar con estos problemas y lo consiguió (Apiano, Iberika, 71) y Tito Livio (Libros 55-56).

Aquí debo hacer una matización, ayudado por Apiano. Si seguimos el "tempus" narrativo de Tito Livio, parece que Brutus, someta la Lusitania, después de la muerte de Viriato, ya que en el capítulo 55 habla de la muerte de Viriato y en el 56 de la acción que lleva a cargo Brutus para pacificar la Lusitania.

Pero, no es que Tito Livio se equivoque. Esto es debido a que la totalidad de la obra de Tito Livio no se conserva, y estas informaciones tan escuetas que aporta, a veces telegráficamente, solo pueden unirse de manera cronológica (y más en hechos que se solapan en el tiempo), gracias a otro autor del que se conserva todo lo referente a las guerras hispánicas, como Apiano, que explica el verdadero tiempo-histórico de los hechos, en este caso dice Apiano: "He unido estos hechos con la historia de Viriato, porque ellos fueron llevado a cabo por otras bandas (guerrillas) al mismo tiempo, y en emulación de él" (Apiano,Iberika, 73).

Después, gracias al gran detalle de la obra de Apiano, sabemos que Brutus vuelve a Roma (Apiano, Iberika, 73). Tito Livio ni tan siquiera ya nombra este hecho y tampoco Diodoro Siculo.

Viriato es asesinado por sus amigos, a causa del soborno y promesas del dirigente del ejército romano de la zona Caepio, al igual que comenta Diodoro Sículo: (XXXIII, V): "lo hizo matar por la traición de algunos criados del vencido".

Por lo tanto, vemos que la guerra contra Viriato, prácticamente, la lleva a cabo y la acaba, especialmente Caepio, y Brutus es el encargo de administrar la paz de Viriato con Roma y la posterior pacificación de las revueltas de pillaje, y al mismo tiempo, someter el resto de la Lusitania. Brutus no entra en la lucha contra Viriato, ya que por los textos parece ya ser asunto podíamos tildar de, "personal" de Caepio, como demuestra continuamente en sus cartas a Roma, contra Viriato.

Una vez asesinado Viriato, por la inducción de Caepio, el substituto de Viriato, Tántalo, es perseguido hasta la extenuación por Caepio y derrotado.

Vuelvo a retomar la frase de Tito Livio: "*Iunius Brutus cos. In Hispania iis qui sub Viriatho militaverant agros et oppidum dedit, quod vocatum est Valentia*". Esto es: "En Hispania, **consul Junius Brutus a aquellos que habían luchado bajo Viriato, dió tierra y un recinto**, llamado Valentia".

Llegados a este momento, Viriato, ya esta está muerto, y ya no tiene sentido la frase. "*qui sub Viriatho militaverant*", Junio Brutus, ya no estaba de cónsul, por tanto, otra frase fuera de juego: "*Iunius Brutus cos. In Hispania*" y ya no hay tierra ni oppidum que repartir, por tanto, otra frase que ya no tiene sentido en este momento de los hechos históricos: "*agros et oppidum dedit, quod vocatum est Valentia*". Caepio, el romano inductor del asesinato de Viriato, se frotaría las manos, con su enemigo personal Viriato y cabecilla de la revuelta asesinado, la oposición a Roma descabezada, y mientras un horizonte oscuro se cierne sobre la población indígena que apoyaba a Viriato y a sus tropas. Vuelvo a recordar en este punto la frase de Apiano (Iberika, 70):"La paz no fue de larga duración…", por lo que la mil veces citada frase de Tito Livio sucede en un momento tan breve , tan marcado , tan bien delimitado por los textos clásicos, que no da margen a todo lo que se ha construido posteriormente.

Volvamos a la Historia. Tántalo, intenta coger el relevo de Viriato. Tántalo con sus tropas es perseguido y derrotado. Un último canto del cisne dela resistencia lusitana.

Y así es como llegamos a la otra entrega de tierras y oppidum, a Tantalus, humillado ya con la derrota, en manos de Caepio, y el cual da unas tierras, (y ni siquiera Roma es nombrada) para que no se dedique al bandidaje.

Pero ya no es en condiciones de igualdad como con Viriato, sino como dice Sículo, en condiciones de vencido. Ahora en este momento, Brutus, ni siquiera esta en Hispania y Viriato, mejor dicho, sus cenizas, están hace tiempo en una tumba

A esta entrega de tierras a un perdedor como Tantalus, es la que se refiere Diodoro Siculo: "(Caepio) Aterrorizó así mismo a Tantalus, sucesor a la muerte (de Viriato), y dominadas sus tropas, él lo condujo a las condiciones que él quiso imponerle, después de que le concedió un territorio e incluso una ciudad para vivir".

Por tanto, la historia, en lo que ha textos se refiere, no apoya ninguna deductio en la "Valentia" valenciana, y no tiene sentido aplicar esa frase de Tito Livio, sacada de su contexto histórico-militar, para emplearla en una fundación, que no existió jamás, procedente de Lusitana: ni con veteranos soldados de Brutus, ni con soldados veteranos de Viriato.

5-¿Dónde estas, Valentia?

Ahora que queda resuelto que Lusitania no solo esta lejos de geográficamente, sino también históricamente, de la Valentia valenciana. Queda resolver otro enigma.

Tenemos que encontrar esa "Valentia" de Tito Livio, que nombra cuando habla en ese texto que hemos analizado: "*Iunius Brutus cos. in Hispania iis qui sub Viriatho militaverant agros et oppidum dedit, **quod vocatum est Valentia*** Que ha hecho forzar la historia, y la arqueología valenciana.

Como hemos demostrado, todo se desarrolla en territorio lusitano y ahí, en ese territorio, es donde acaban. Pero ¿dónde debemos localizar la "Valentia" de Tito Livio?. Pienso que lo más prudente primero, es desvelar primero el último punto de la referencia de Tito Livio, que habla de un "oppidum", que es llamado Valentia, "*oppidum dedit, **quod vocatum est Valentia***" que ofrece la única palabra que ha servido para defender la teoría lusitana.

Tenemos pistas, que es el localizarla en un periodo concreto de paz, entre Viriato y Roma, siendo cónsul Brutus en Hispania, y en la Lusitania, momento en el cual y para el cual es escrita esa frase de Tito Livio.

Empezando desde lo más absurdo, no imaginamos a los máximos representantes del ejército romano en la Lusitania, por ejemplo Caepio, construyendo un *oppidum* a su más odiado enemigo, durante la "breve paz", que ellos consideran odiosa, y un paréntesis o período "entre guerras", y más cuando no paran de enviar cartas a Roma para que le declare de nuevo la guerra a Viriato, por ejemplo.

Y tampoco, en ese momento bélico, Viriato se dedica a sus tropas a las obras públicas ni construye un "*oppidum*".

Además, el texto de Tito Livio deja bien claro, que las tierras y el "oppidum" se le dan, "*agros et oppidum dedit*", por lo tanto, ya existen en el momento en que se firma la breve paz con Roma.

Evidentemente, este *oppidum*, debía ser digno de Viriato en el momento en que es declarado por Roma, como "Amigo de los romanos" y al mismo tiempo, debía ser considerado por Viriato, algo digno de él, como para renunciar a más batallas y territorios, ya que, por lógico, en los territorios hay pueblos y ciudades, o mejor dicho, ***oppida***, de diferentes tamaños e importancia.

Hago un paréntesis para decir que compruebo repetidamente en los textos, aunque pueda parecer algo secundario, que Viriato era un hombre luchador "a la fuerza" pero bastante pacífico, ya que no se ensaña con el vencido, y siempre busca una oportunidad para la paz, aunque los romanos que le acosan, haciendo todo lo posible para provocarle y acabar con él, como al final hicieron.

Otra cosa es Tántalo, su sucesor. Caepio (el enemigo numero uno de Viriato) le da unas tierras y un recinto, que al singularizarlo en el texto, debe ser la futura residencia oficial del derrotado Tántalo y los suyos, en condiciones de derrotado y rendido.

Pero con viriato no es lo mismo. Caepio no soporta lo que ha conseguido Viriato. Roma tiene un interlocutor de su mismo nivel, un amigo, lo es entre iguales, y Roma le debió corresponder con un lote de tierras y oppidum destacado (aparte de los pequeños que no se nombran),tierras y recinto en la Lusitania valiosos, que estaban bajo la influencia, antes de la paz, de Viriato.

Aparte de que los textos de la época no lo dicen, solo aplicando la lógica, uno imagina una incongruencia que Roma propusiera a Viriato trasladarse a las cercanías de Sagunt, en la costa, junto al mar y la vía Heraclea, a cientos de kilómetros a la Lusitania, y donde que yo sepa, Viriato no había conquistado nada. Ni Roma lo hubiera hecho, ni Viriato consentido, ya que hubiera sido considerado una deportación o una trampa, y además, Caepio, el enemigo romano principal de Viriato, se hubiera frotado las manos para someter todo lo que se le había impedido hasta el momento, con el mínimo esfuerzo. El Senado Romano, fue inteligente y consolidó a Viriato su territorio controlado, para no tener así problemas añadidos Roma, en la conquista de lo que le quedaba por someter de Hispania.

Muchos especialistas extremeños han intentado unir la "Valentia" del texto de Livio con Valencia de Alcantara, en Extremadura, parte de la Lusitania. Pero el nombre de Valentia no se encuentra en la zona ni en monedas ni textos romanos que lo demuestren, por lo que creo que buscar una "Valentia" romana, con este nombre en Lusitania, a estas alturas, es una vía muerta.

La otra vía muerta es el intentar explicar la fundación romana de Valentia (la valenciana) a partir de las guerras lusitanas. Como queda demostrado, a las tropas de Viriato, les dan tierra y *oppidum* en Lusitania, en una paz concreta y la costa valenciana, aquí no pinta absolutamente nada.

La única, repito, la única razón que se emplea para intentar unir la historia de Junio Bruto, Lusitania y Viriato, con la Valencia (valenciana) es el nombre de "Valentia" en el texto de Tito Livio, todo lo demás, es interpretación no sustentada por los textos, ni por los hechos históricos ni militares del momento.

Entonces, si no tiene nada que ver con la Valentia (valenciana) y ni con ninguna Valentia romana de Lusitania (sólo esa referencia a la Valentia Lusitana de Tito Livio, que, el minucioso Apiano, con su gran detalle, ni nombra), ¿Dónde está ese oppidum, "*quod vocatum est Valentia*?

Creo que la respuesta, se encuentra en otros ejemplos de la época, y como dice el dicho popular, en este caso: "el árbol no deja ver el bosque".

Efectivamente, el ejemplo paradigmático sería Saguntum. Sagunt, es llamada de varias formas, Zacynthos, Arse o Saguntum, pudiendo ver monedas incluso con la doble denominación: ARSE//SAGUNTUM.

Su denominación de Zacynthos, vendría por su fundación griega (según los historiadores romanos) y con este nombre aún fue referente en la historia clásica, como dice D. Junio Juvenal en sus Sátiras (XV, 113-115) dirá: "El noble pueblo, del que he hablado, puede poner excusas de esta clase; y por lo mismo Zacynthos, que es igual en coraje, en perseverancia y cuyo desastre fue aún peor…"

Este poeta satírico, vivió entre el 55 a.c. y el 138 d.c. y aún sigue citando a Sagunt como Zacynthos, al igual que Estrabón. También hay monedas entre el tránsito del siglo II-I a.c., que tienen acuñado la doble leyenda Arse // Saguntum y antes de esas tenemos monedas solo con el nombre ibérico de Arse. Por tanto tenemos antes de la consolidación del nombre de Saguntum, una convivencia de tres nombres: ZACYNTHOS, ARSE y SAGUNTUM.

¿Dónde quiero llegar? .Pues a encontrar en la Lusitania, un yacimiento de la época de Viriato, que pudo tener para los indígenas un nombre, y para los romanos otro. No obstante, el nombre latino, el nombre romano, no debió de durar más que el tiempo que duró la paz con Viriato, por eso no sobrevivió, y la población de esa localidad, de esa Valentia lusitana, en el momento de los hechos, sería en su totalidad población indígena con lengua indígena y no romana. ¿Cual es ese lugar?

Volvamos a los textos, la única voz autorizada 2000 años después, mientras que no se demuestre lo contrario. Cuando Apiano habla de las tierras que habían ocupado Viriato y los suyos, como hemos demostrado esta hablando de tierra lusitana. Y para poder adivinar donde se encontraba ese *oppidum* llamado Valentia, que le es refrendado en el pacto con Roma, tenemos una importante pista, esto es, sabiendo dónde se encontraba Viriato, cuando vuelven a reabrirse las hostilidades, después de esa paz, podremos saber el lugar qué disfrutaba en paz durante la paz.

Ese *oppidum* del que disfrutaba era Arsa.

Como dice Apiano: "Cuando la guerra fue declarada públicamente, Caepio tomó el pueblo de Arsa, el cual Viriato abandonó, y siguió al mismo Viriato…" (Apiano, Iberika, 70)

6-Arse (Arsa) Lusitana// Arse Valenciana
Valentia Lusitana//Valentia Valenciana

Arsa, Ciudad que se encuentra en la Beturia túrdula también llamada túrdulo-púnica, en la primera mitad del s. I a.c. acuña escasas unidades y mitades (AE) con palmas en su reverso y leyendas bilingües w'r-š' – (ARSA). **(FIG-4)**.

Fig-4. Anverso y reverso de un As de Arsa (la Valentia Lusitana).

Su ubicación es incierta, siendo buscada en diferentes localidades de la provincia de Badajoz: Azuaga, Arsallenes, Villanueva o Zalamea de la Serena y Retamal de Llerena. Es citada por Plinío " *altera Baeturia, quam diximus Turdulorum et conventus Cordubensis, habet oppida non ignobilia **Arsam**, Mellariam, Mirobrigam Reginam, Sosintigi, Sisaponem*". (Liber III ,14).

Un dato importante se encuentra en Zalamea donde hay una lápida de granito situada en la calle de Pedro Crespo nº 14, propiedad de José Cáceres, de 53 cm. de ancho, y 48 cm. de alto, con los siguientes caracteres: L. AT. T. I. VS. L. F. GAL.OPTATUS ARSENSIS DEC ANNL. III. H.S.E.S.T.T.L. de la que hay que destacar por su gran importancia, el adjetivo de origen ARSENSIS es decir, que L. ATIUS OPTATUS, era de Arsa o Arse, indicativo que esta ciudad se encontraba muy cerca de la actual Zalamea.

Respecto al significado de la palabra Arsa, la podemos comparar con otra mucho más famosa Arse, esto es, Saguntum, llamada así en época ibérica.

Todo indica que la lengua hablada en la zona era el celtíbero, de ahí esa variación entre Arsa (Lusitania) y Arse (Tarraconense), aunque como vemos en la inscripción de Zalamea citada anteriormente , ya en época imperial, a Atius Optatus en época romana se le califica como procedente de Arse, por lo tanto, tenemos dos Arse, la lusitana y la valenciana.

Alexander von Humboldt en el siglo XIX afirmó que el euskera tenía cierto parentesco con el íbero y ciertamente hay fundamentos que sustentan tal afirmación como se desprende de las comparaciones de palabras que se han hecho, por ejemplo, en nuestro caso, y podíamos citar muchas más, pero ese no es nuestro objetivo:

Ibero: *Arse* // Euskera: *hartz* // Castellano: *oso*.

También sería interesante estudiar las diferencias entre los términos "Arse" y "Urso" que pueden ser dialectales, pues podría ser Arse para los Edetanos y Urso para los Turdetanos, aunque girando alrededor de un mismo significante y significado, aunque esto esto ya es cosa de filólogos.

La acepción de Arse podría relacionarse también con "fuerte", "lugar fuerte", como era Arse (Saguntum) y al igual que la supuesta localización de Arsa, acepción que esta unida con las características del oso, lugar fuerte, inexpugnable, etc.

No obstante, en ese contexto de paz, de fin de hostilidades, el nombre de "Valentia", tiene el significado de buen augurio, como las denominaciones de Valentia, o Copia (las italianas), rebeldes contra Roma en un principio, y que reciben esos nombres como "Valentia" (vigor, poder, facultad) y "Copia" (abundancia, riqueza), también como reclamo a esas tierras acabadas de "domesticar", al otro extremo de la península Itálica. Este nombre de Valentia, tiene una vinculación con las palabras de vigor, fuerza,etc, un equivalente de "Arse" o "Arsa", en lenguas indígenas.

En ese momento de idilio momentaneo Viriato-Roma, es una forma de enaltecer la alianza, ya que Viriato es considerado amigo de los romanos, y esa Valentia, homenaje a su valor en la guerra y su generosidad en la paz.

De este modo, podemos hacer comparaciones muy plausibles. Al igual que Arsa (Lusitania), pudo llamarse Valentia durante la breve paz, solo por los romanos (de tal forma que ni Apiano recoge este dato fugaz y del que tal vez jamás oyó hablar, porque es unas décadas más moderno que Tito Livio o porque no le pareció importante), existiendo así una doble nomenclatura ARSA-VALENTIA lusitanas que ni siquiera se plasmó en monedas , existió también, esta vez, sin duda, la doble nomenclatura de ARSE-SAGUNTUM valencianas, refiriéndose los dos nombres al mismo lugar, por parte de los indígenas lusitanos ARSA, por parte de los romanos VALENTIA, y por parte de los indígenas valencianos ARSE, y por los romanos SAGUNTUM.

Después de lo visto, queda aclarado el cúmulo de interpretaciones erroneas y la imposibilidad de que Lusitania, Brutus, Viriato y unos veteranos que no aparecen por ningún sitio, tengan nada que ver con la "Valentia" valenciana.

Entonces, me pregunto, ¿de donde venían los primeros valencianos?, para saberlo, conozcamos los datos más antiguos romanos de la ciudad de Valencia, y después, veremos como nos conducen a Italia.

7-Valentia, ¿fundada el 138 a.c?

Veamos como los datos arqueológicos, recogidos en la ciudad de Valencia, en los últimos años, se centran en el 138 a.c, fecha sacada a partir del texto de Tito Livio que ya hemos estudiado, aunque aportaré nuevas interpretaciones que cambian esa fecha, ya que los textos clásicos nos animan a ello.

LA CERÁMICA

Las excavaciones en la ciudad de Valencia, han mostrado presencia de cerámicas bastantes antiguas:

1)-<u>Les Corts Valencianes-Palau de Benicarló</u>: Campaniense A (formas L-5, L-25, L-27, L-27b, L-31, L-36, L-55), "según Morel, 1981, 47, la variedad media, que va desde el 180 a.c. al 100 a.c. (RIBERA, pàg-112)

2)-<u>Pujada del toledá</u>: habla de distintas fases, la fase inicial, seria el primer nivel antrópico formado por 2 fosas superpuestas que hablan de la primera presencia humana. Después habla de la "Primera fase constructiva", en concreto de dos agujeros que se introducen 50 y 100 cm. en la arena estéril y otro rellenando la primera fosa, y dice que piensa en huellas de cañas o madera, que servirían para sostener alguna estructura precaria., además de unas piedras alineadas (la más grande de 48 cm. de altura) que podrían formar un muro o cimientos (pag-136). Le sigue lo que denomina anulación de la primera fase constructiva, se encuentra un nivel de arrasamiento, con cerámica Campaniense A (L-27b, L-31, L-36), y formas anfóricas (dressel 1ª, grecoitálica adriatica, Dr.1ª adrática) y una fosa, donde se encuentra Campaniense A (L-27ª, L-31, L-36, L-55), con *formas del siglo II a.c* (<u>que no se detallan</u>), y ánforas Dr-1ª, junto con ejemplares como la ánfora C.C.N.N (pag-137), le siguen niveles indeterminados, pero donde aún hay material datable del siglo II.

3)-<u>Plaça de la Reina</u> (1966), aparece un muro de sillares que seria de finales siglo II a.c. (pag-143),

4)-<u>Palau Arquebisbal</u>, sillares de datación republicana (pag-144)

5)-<u>Fosaret de la Seu</u>: madera carbonizada, cenizas, un empedrado irregular sobre el que havia una rueda de molino, una moneda de Kelse (as VIVES LXI, 11), (BRU, 1966) que empieza a acuñar en la mitad del siglo II.

6)-<u>Presó de Sant Vicent-Plaça de l'Almoina</u>, 5: Campaniana A: L-27d, L-36 y B etrusca, L-6), y ánfora (Dr.1a). (segona mitad segle II) (pag-148).

7)-<u>L'Almoina</u>: Primera fase ocupació: "Conjunt de la meitat del segle II a.c, con campaniense A (L-27, L-27d, L-28, L-31, L-33ª, L-36, L-6 o 36), B etrusca (L-2, L-4, L-5, L-6) y Calena antigua (M.P.116, M.P.147). Ceramica de paredes finas, anforas Dr.1ª y C.C.N.N. y algunas monedas: As de Roma (179-170 a.c.), divisor ibérico de pecten de Arse (acuñada entre los años 175 y 125 a.C. en la ceca ibérica de Arse. (pag-152)

8)-Sector B (Almoina): Primer Nivell d'ocupació. Campaniense A (L-23, L-25, L-27, L-27d, L-28, L-31, L-31ª, L-33,L-36), B (de etruria) (M-2653,L-3), Byrsa 661, púniques (C.C.N.N., Maña C-2, P.E.17, P.E.23). Inicios segunda mitad siglo II. También cerámica de cocina (ollas de cerámica común). Primera fase constructiva, quedan 6 piedras en línea de 99 cm. longitud por 15 cm. de ángulo. En la fase de amortización de la segunda fase constructiva, aparecen fragmentos de 2 ánforas itálicas (grecoitálica de transición adriática, grecoitálica de transición o Dr1 campaniana) y "algunas otras cerámicas" que sería interesante examinar. (pag-179)

9)-Horreum: en el interior, para preparar el terreno, se removió la estratigrafía anterior. Aparece Campaniense A (L-23 (grafito CX), L-27b, L-27c, L-27d, L-28, L-31, L-36, L-55, M-2611a, Campaniense B etrusca (L-5, L-6, M-2652d), y ánforas Dr.1a y C.C.N.N, Cales, como las B (L-8, M-2823) y beoide (L-3, L-8). En el corredor de entrada, nivel de preparación con Campaniense A (L-27, L-31, L-33, L-36, L-55, M-2985c) y B (L-6, M-2652), Pag 185.

10)-Carrer Herba: Fase más antigua, una fosa, con abundante material arqueológico, especialmente ánforas Dr-1ª, tripolitana antigua), en la primera fase constructiva Campaniense A (L-27b, L-31, L-36), con muro de 1'30 m altura.

11)-Plaça de la Mare de Deu, 4: Campaniense A: L-28, L-31, B etrusca: L-8b. Byrsa 661:l-6. B de Cales: L-3, L-5) y un asa de ánfora rodia con sello epónimom (FERNANDEZ 1984,64-65). Pag-223). Campaniense B etrusca (L-5, L-6, L-8b), Byrsa 661, la campaniense A (L-6, L-27, L-28, L-31, L-33b, L-36), B de Cales (L-1, L-2, L-3, L-4, L-5, L-8, L-10 (cata 4, 16), pag-226.

12)-Carrer dels Caballers-Plaça de la Reina: Meitat segle II a.c. Campaniense A abundante y alguna B etrusca, en proporción de 6 a 1 a favor de la A. Ánforas grecoitálicas y Dr.1ª; Maña C-2, E y tripolitana antigua. (pag-262)

13)-Carrer del baró de Petres-Carrer del Almirall: el nivel más antiguo ofrecía una fosa de 75 cm de espesor, y alcanzaba entre 7 x 4 metros. Había Campaniense A: L-5, M.2252b-c, L-27, L-31, L-33, L-36, L-55. Campaniense B etrusca: L-4, L-8b. Campaniense de Byrsa 661. Lucerna de barniz negro Ricci E. Paredes finas, jarrita empuritana gris. Ánfora grecoitálica, Dr.1ª, Dr.1ª, adriática con sello, ánfora rodia con sello, ánfora púnica maña C-1b, Tripolitana antigua, ebusitana (NO DETALLA), Ánfora hispánica C.C.N.N., común itálica, Ibéricas decoradas: kalathos, lebes, jarra jarrita. Ibéricas lisas: kalathos, jarra, jarrita, ánfora. Se data entre el 145 a.c y 135 a.c. (pag-266-268)

14)-Carrer Avellanes: 14 y 16: Campaniense A (L-27c, L-28, L-33, L-55, Mor.68b-c) (pag-272)

Pero aún hay más piezas a tener en cuenta:

-Fragmento en relieve aplicado en pátera "umbilicata" de las series de Cales. (PAGENSTECHER: 1909. Este tipo de cerámica aplicada es rara fuera de Italia, aunque aparece en yacimientos abandonados o destruidos a principios del siglo II a.c., como la Serreta d'Alcoi (ABAD, 1983), o el Puntal dels Llops (pag-321).

U otras como la PE-23 de Baleares, de la primera mitad siglo II a.c., que enriquecen, aún más a nuestro planteamiento anterior al 138 a.c.; o Maña C-1b, y PE-17, en el lapso del II a.c., o la más tardía, pero no mucho, ánfora griega de Rodas período (146-108 a.c.) (pag-323).

Posteriormente, hablaremos de las cerámicas de la necrópolis del carrer de Quart, que ofrece tumbas en hipogeo con grecoitálicas con cerámica común, 3 de ellas, que cuadran perfectamente en este tiempo del fin de la segunda Guerra Púnica, y se pueden comparar con cargamentos de los pecios con ánforas grecoitálicas y cerámica común como el Pecio Cabrera II, datado al fin de la Segunda Guerra Púnica.

Las cerámicas que hemos citado, aparecen en estratos arqueológicos.

A la hora de datar el estrato, se suele tomar la pieza más moderna, para datar el conjunto, pero esto, no soluciona la edad concreta del origen del estrato, sino su final, además, hay cerámicas que tienen lapsos de tiempo tan grandes, que pueden llevar a error.

Si nos ceñimos a las cerámicas más antiguas de época romana, como puede ser el ejemplo del Carrer del Baró de Petrés-Carrer del Almirall, tenemos cerámicas que pueden caber perfectamente, en la primera mitad del siglo II a.c. (200 a.c.-150 a.c).

Y podíamos citar muchas más excavaciones de las anteriormente citadas, que además permiten jugar con yacimientos marinos, algunos de ellos, en frente de la costa valenciana, en las islas Baleares:

- El pecio del Gran Congloué 1 (hacia el 200 a.c. o un poco más tarde). Más de 400 ánforas grecoitálicas eran acompañadas allí por 6000 a 7000 barros en campaniana A - (BENOIT 1961; LARGO 1987a).

- Pecio de Binisafúller, Menorca (probablemente primera mitad del siglo III a.c.). Ánforas ibero-púnicas (de los centenares) y púnico-ébusitaines; (CERDÁ, JUAN 1979; GUERRERO, MIRÓ, RAMÓN 1991).

- Al Sur de Mallorca, naufragó un mercante conocido como el Pecio Cabrera II (Cerda, 1978), hundido a finales de la Segunda Guerra Púnica (final del IIIe siglo), transportaba cargamento mixto, tanto de talleres de Cartago y su hinterland, como ánforas tipo Manya C1b, del tipo P-16 de Ibiza, así como grecoitálicas, cerámica común (VENY, CERDÁ 1972, pp 318-322; CERDÁ 1978). (pag-29).

También hay cerámicas que dan vértigo en el tiempo y empujan la cronología en la ciudad de Valencia y que son considerados elementos residuales, pero residual ¿ de qué, y de quien?.
Esas cerámicas muestran que hay restos cerámicos más antiguos y debió haber gente que las trajo y compró, haciendome creer que aquí no había un solar deshabitado, sino algo, llamémosle como queramos: lugar de encuentro con comerciantes extranjeros; parada de la vía Heraclea ibérica, (vía que además se ha encontrado) que muestra que esto no era la faz estéril de la luna:

- Tapadora fragmentada de Nekane de figuras rojas de "les Corts Valencianes" (Campaña 1988)

- Fragmento de figuras rojas de los "Banys de l'Almirall (campaña 1985-86)

- Posible fragmento de ánfora "a la brosse" de los "Banys de l'Almirall" (1985-1986)

- Fragmento de figuras rojas de las excavaciones del "Carrer del mar 23-25"

- Copita ática Lam.21-25 del" carrer de les Avellanes, núm-14 (campaña 1973-1974)

En Picanya a escasa distancia de Valencia, aparece una pieza corintia del siglo VI.

En el Cabanyal y la Malvarrosa, el litoral mismo de la ciudad de Valencia, ofrecen precedentes cerámicos, griegos, fenicios, etruscos…

Ánforas de tipología griega "A la brosse" greco-orientales (Quios, jónica), del siglo VI a.c.; corintias del tipo Koehler A y B (final siglo VI a.c. y V a.c.) y ánforas masaliotas del tipo I de Py (final siglo VI a.c. y V a.c.)

Ánforas etruscas, 14 fragmentos del siglo VI y V a.c.

Ánforas fenicias, 2 fragmentos de Maña-Pascual A4, del siglo V a.c. (pag-305)

Con todo esta referencia deseo dejar clara una cosa: a partir de la cerámica, se puede demostrar que ha habido gente instalada viviendo antes del 138 a.c, en lo que hoy llamamos Valencia, (por lo menos y no descarto más atrás, y en partes de la ciudad que no corresponden estrictamente a lo que estuvo rodeado por las murallas hasta el siglo XIX).Pero para centrarnos al período de la presencia romana cuando los restos son ricos y clarificantes en el solar de la ciudad, desde fines del 203 a.c., a principios de la Primera mitad del siglo II a.c. (203 a.c.,+-190 a.c.), es un período pionero para empezar a pensar en presencia romana ya estable y continua en Valencia, sin tener por qué esperar a un año 138 a.c., AÑO 0, de la ciudad.

Este sería el margen de mi AÑO 0, para empezar a hablar de gente itálica, que se instala en lo que hoy es Valencia, de forma ya ininterrumpida (interrumpida temporalmente por catástrofes como la Guerra sartorio-pompeyana).

Esto lo relaciono, "a nivel cerámico", con la opinión de Jean Paul Morel, que toca el punto exacto donde hay que focalizar la atención:

"La Segunda Guerra Púnica marca un cambio considerable:

La explosión de la Campaniense A. Hace falta saber si en el cambio del fin de la guerra (202-201) o de la fundación de Puteoli (194 a.c.). Hoy se tiende sobretodo a datar esto en el principio de la Segunda Guerra Púnica. Y de Saint Denis (1975, p.76) observa que desde el 218 a.c. en adelante, Roma poseerá el dominio del mar, y el 218 es el año de la Lex Claudia. Veríamos una ilustración en el naufragio de la Pointe Lequin 2, y sobretodo en el de GrandCongloué 1.

Otro Cambio se puede producir en la mitad del siglo II (o la época de los Gracos), ve la creación o la afirmación de las ánforas Dressel I, el nacimiento de la B-oide. Aparece la concurrencia entre la Campaniana A y la B-oide (y en menor mesura de la B), como muestra el naufragio llamado de Spargi. (Morel, pag-29-30).

Por tanto todos los niveles arqueológicos antiguos de la ciudad romana, entran perfectamente, dentro del período del fin de la segunda Guerra Púnica, y el cambio de la mitad del siglo II (o la época de los Gracos). Rotundamente, la cerámica, no lo niega, y una revisión a fondo, puede aún dar sorpresas.

La presencia de gente instalada desde el fin de la guerra Púnica, y sin dar un año concreto, me inclino a que comience a considerarse como período de tiempo probable estos factores:

- el final de la conquista del Bruttium por lo romanos (203 a.c.) última zona en Italia continental donde hay guerra contra Aníbal,

- un tiempo alrededor de las fundaciones de las colonias de Valentia y Copia en Italia, casos que veremos después (194-193 a.c.), y cuya historia creo debe empezar a entrar en juego en la historia de Valencia plenamente. Descartado la fecha del 138 a.c, empleada solo a partir del texto erróneamente interpretado de Tito Livio, como creo que ha quedado meridianamente claro, el principio de este estudio.

8-Tiendas de campaña y casas.

Unos restos de postes de estructuras circulares, se han considerado hasta hoy tiendas de veteranos romanos:

"Dada la más que probable procedencia militar de esta gente, no tendrían problema en instalar tiendas de campaña como las que se usaban en el ejército para los desplazamientos o las estancias cortas, bajo las que se alojarían durante los primeros días., como si estuvieran en un campamento de etapa.Los restos de alguna de estas tiendas, de planta circular, con el lugar del poste central y los agujeros de los palos laterales, se han encontrado en la excavaci…" (Marían,C, Ribera,A, pag-298). **(FIG-5. A)**

B)

FIG-5. A) Huecos de los postes de tiendas de campaña en calle Roc Chabás. Foto S.I.A.M. B) Palafito

C) Casa indígena circular en la Columna Trajana. D) Reconstrucción tienda campaña romana.

Respecto a estos agujeros, se considera que son tiendas de campaña romanas circulares. Pero las representaciones de la columna de Trajano y tantas otras, ofrecen la visión de tiendas de los legionarios romanos y de los praetores, como tiendas de campaña rectangulares.**(FIG-5.D)**

Quiero poner encima de la mesa el que no necesariamente fueron tiendas de veteranos romanos. Como elemento habitacional circular ya tenemos precedentes, por ejemplo las cabañas dacias que se ven en la columna de Trajano que contrastan con las rectangulares romanas o las en el vaso de Lliria con sus palafitos circulares. Si fueran construcciones indigenas , lo que hablaría es de un componente indígena, **(FIG-5-B)** que pudo unirse o preceder en poco tiempo a los romanos que construirían la nueva ciudad.

Esto lo planteo ya que siempre me han sorprendido las "evaporaciones" de los indígenas valencianos íberos, por loque quiero defender el componente indígena en el origen de la Valentia romana. A nivel cerámico hay presencia ibérica tardía en los primeros niveles de la ciudad, al igual que monedas indígenas, pero tal vez la herencia más clara sean los materiales de construcción, ya que la Valentia Republicana usa materiales que también usaban los íberos, a excepción de terracotas importadas de sur italiano de influencia griega. Tampoco se puede saber si esas tiendas de campaña, de postes, estaban forradas de piel o cañas en su exterior. Debemos considerar un porcentaje de la población como de procedencia indígena, absorbidos o influenciados por las culturas como la cartaginesa y la romana. El reto está en saber diferenciarlos entre la homogeneidad arqueológica.

A este respecto hay que tener en cuenta que no está del todo claro que las cabañas-tienda sean posteriores a una especie de barracones rectangulares: *"Hay que suponer un escaso margen de tiempo entre las tiendas iniciales y la construcción de los barracones, sin que se descarte que puedan funcionar al mismo tiempo, aunque en l'Almoina se han detectado que unos barracones se superponen a las modestas edificaciones"*. (Marín,C, Ribera,A, pag-297).

Pudo existir por tanto una convivencia de casas circulares y rectangulares de diferente tipo cultural, y esta dualidad de estructuras habitacionales, sería eliminada en pos de una regularidad de calles y organización urbana por eso la superposición de l'Almoina.

Y puestos a suponer, ¿por qué no eran tiendas de campaña del ejército de Aníbal, apostado antes de cruzar el río Túria, y atacar Saguntum?.

Hoy por hoy, si cabañas indígenas de la gente que vivía en l'Albufera cercana y se instaló en el lugar con los recién llegados, obligados o no; o tiendas de campaña de los soldados de Aníbal, eso tiene el mismo valor que la teoría propuesta hasta hoy con los serios matices que acabo de escribir, y la presencia de unos veteranos lusitanos que no encuentro.

9-La Necrópolis del carrer de Quart (Valencia)

No hablemos solo de cerámica y ampliemos nuestra visión, ya que conseguiremos con ello adquirir más pistas sobre quienes eran y de donde venían los primeros individuos que llegaron desde Italia, vivieron y murieron en lo que hoy llamamos Valencia después de la Segunda Guerra Púnica.

A) HIPOGEOS Y DROMOS

La necrópolis del carrer de Quart, dentro de la ciudad de Valencia, muestra tumbas donde hay presencia de enterramiento que recuerdan a tradiciones de antigua tradición griega, como:

Hipogeos: tumbas formadas por una fosa de planta rectangular con unas dimensiones aproximadas de 1'70 x 80 cm. En uno de los lados se excava un nicho para colocar el difunto. Se han encontrado 4 hipogeos, tres de este tipo, y uno que tiene un acceso en dromos, y todos tienen un solo individuo en el interior.

En los hipogeos hay elementos comunes en algunos de ellos, olla con baquetón en el cuello, *strigilis* de hierro, ánfora grecoitálica y cráneo de suido. Uno de los hipogeos, tienen un ajuar diferente: ollita de cocina, kalathos ibérico, cubilete de paredes finas, plato de campaniense A y jarrita gris empuritana. En mi opinión, este último hipogeo, es el más reciente de los hipogeos, ya que muestra elementos que ya aparecerán en otras tumbas posteriores, pero no en las más antiguas. Es el fin de la cultura del enterramiento en hipogeo, de los individuos que traen esta tradición de Italia, en concreto, tal y como de defiendo, de Hipponion, Vibo, Vipponium y después de su conquista romana, Vibo Valentia.

Por otro lado, y aunque parezca una obviedad, cuando se entierra la gente, siempre debemos entender que ha vivido un tiempo antes, y que habitualmente no mueren nada más llegar por tanto añadamos los años que creamos adecuados desde su llegada a Valencia, proceso vital y su muerte y sepultura con las cerámicas que rápidamente queremos datar pero que son de fecha reciente a la de su muerte.

B) STRIGILIS

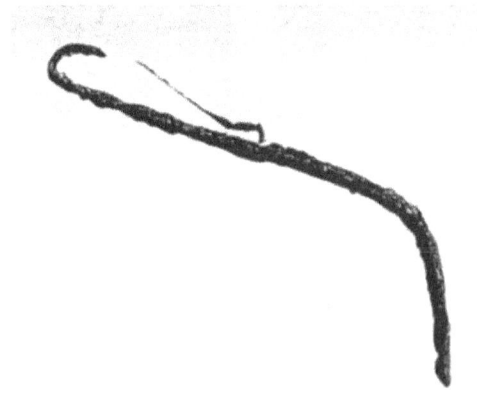

FIG-6. Strigilis.

Presencia de strigilis **(FIG-6)**, que en la antigüedad, se refiere a una hoz hueca, en el caso que nos referimos, de bronce, que sirve para pasarlo sobre la piel después del baño para eliminar el sobrante de aceite (que se aplicaba en la piel) y la suciedad.

C) PORCA PRAESENTANEA / PORCA PRAECIDANE / Y OTRAS OFRENDAS A CERES

FIG-7. Tumba del Carrer de Quart con ofrenda de suidos.

Hay presencia en la tumba de cabezas de suidos (jabalíes), **(FIG-7)** muestra del ritual funerario llamado, (siguiendo a Varro), *porca praesentanea* y *porca praecidanea*, así como la presencia de un cuatro trasero, sacro y rabo de ovicáprido muy joven.

La "porca praesentanea" en honor de Ceres, era asimilada a la griega Demeter en su culto identificada como la agricultura y la fecundidad da la Tierra. Barbette Stanley Spaeth, *The Roman Goddess Ceres. Austin: University of Texas Press, 1996. Pp. xvi + 256, 55 b&w plates. $40.00; $19.95. ISBN 0-292-77692-6 (hb); 0-292-77693-4 (pb).*

D) ESTUDIOS ANTROPOLÓGICOS DE LOS CADAVERES.

Los estudios llevados a cabo, de forma reiterativa hablan de la fundación del 138 a.c.: "Debemos recordar que la colonia de Valentia fue fundada ex novo por legionarios y auxilia itálicos licenciados tras el final del conflicto con los lusitanos de Viriato (Ribera 1998, 512-513// Alapont, 2002,319). Aparte de esta opinión que no comparto en absoluto, pero que sale por todas partes, veamos que datos más se ofrecen.

La parte de la necrópolis excavada, muestra que los niños están muy poco representados, y hay más hombres que mujeres.

La mayor proporción de hombres, se interpreta, por comparación con campamentos militares de los confines norteños del Imperio en Inglaterra, en que:

"Se trataba de soldados que venían de una guerra y se instalaban en un territorio nuevo, carecían por tanto de esposa y familia. Calvin Wells sugiere que esta falta de población femenina sería suplida en un principio por un número importante de prostitutas profesionales encargadas de resolver las necesidades sexuales de una ciudad poblada mayoritariamente por hombres" (Alapont, 2002, pag-321).

El examen de la dentición "no parece indicar que los individuos analizados consumieran carne de forma regular. Davies afirma que la carne sería un elemento esencial en la dieta de los militares romanos tanto en la guerra como en momentos de paz" (Alapont, 2002, pag-321)

"La presencia de múltiples líneas de hipoplásia en un número elevado de esqueletos indica que los primeros pobladores sufrirían grandes dificultades durante su infancia, con problemas de salud y alimentación. Estos datos sugieren que se trataría de personas de origen muy pobre que se incorporarían al ejército o emigrarían en busca de mejores condiciones de vida" (Alapont, 2002, pag-321)

"Los episodios traumáticos se reducen a un solo caso entre los individuos enterrados en el cementerio de época republicana. Este hecho es extraño si tenemos en cuenta la naturaleza militar de esta población, que por tanto, habría estado expuesta a continuas situaciones de violencia intencional. Podemos suponer que la ausencia de este tipo de lesiones deriva de un tiempo de paz y estabilidad social, además de confirmar el carácter vencedor de los soldados fundadores". (Alapont, 2002, pag.-321).

Uno de los cadáveres de un hipogeo, sufre de "hiperostosis esquelética, con la fusión e la vértebras torácicas, patología asociada con diabetes y obesidad (Roberts y Manchester, 1987, pag-120), resulta de gran importancia si consideramos que el difunto era un obeso en un período donde los excesos, sobre todo en cuanto alimentación eran muy limitados. Esta enfermedad podría sugerir que el individuo disfrutaba de un nivel de vida y opulencia sensiblemente superior al resto de los demás ciudadanos… Por tanto partiendo del material óseo tendríamos una valiosa prueba de que las tumbas con cámara lateral albergan a una clase social económicamente superior al resto de la población" (Alapont, 2002, pag-322).

La mayor proporción de hombres que de mujeres, es algo normal en un establecimiento colonial, desde la India Británica o las colonias hispanas en América, y tantos otros ejemplos de la Historia, y más atrás en el tiempo podía equipararse a una instalación mayoritariamente civil , como las fundaciones fóceas de Massalia o Emporion.

No creo que deba considerar un porcentaje de las mujeres enterradas en la necrópolis como prostitutas de soldados romanos.

No creo que la presencia de legiones en Inglaterra, pueda equipararse con el tipo de instalación en la Valentia primigenia romana.

La dieta carente de carne, contrasta con la dieta de los legionarios. Los restos óseos, pueden ser perfectamente interpretados como pertenecientes a agricultores, artesanos, etc., y no necesariamente militares.

La ausencia de lesiones de lucha en los cadáveres (que son considerados soldados curtidos y veteranos), y la única presencia de una lesión traumática que no tiene por qué haber sido fruto de un enfrentamiento militar, es algo muy improbable en veteranos que han llevado a sus espaldas muchas batallas.

A partir de los datos recogidos, ¿se puede demostrar que los finados, son soldados veteranos de las guerras lusitanas? Más bien todo lo contrario. Para contestar a eso, hay que recurrir a la historia de la Guerra Púnica en Italia, ya que los romanos prohibieron a los pueblos itálicos que habían ayudado a Aníbal, a luchar en el ejército romano, pero ya llegaremos a este punto.

10-Numismática Republicano-romana de Valentia (Hispania).

A) Las monedas republicanas acuñadas de Valentia.

FIG-8. Moneda republicana de Valentia (Hispania).

En Valentia (Hispania), se realizaron tres emisiones de monedas de bronce, las únicas que hizo la ciudad, hasta llegar a la famosa acuñación del rey Leovigildo, en el año 583 d.c., donde se titula REX VALENTA (Rey de Valencia), el único rey godo que se puso ese título de rey en las monedas acuñadas en Valencia, las otras solo ponían ceca de Valencia, y el nombre del rey.

Las emisiones republicanas de Valentia se clasifican en sus 3 tipos, que aparecen acuñadas en ases, semises y cuadrantes:

1) Emisión I: C Lucienus- C. Munius (questores)
2) Emisión II: T. Ahius- L. Trinius (questores)
3) Emision III: L. Coranius – C. Numius (questores),

Citaremos un ejemplo de una de ellas **(FIG-8)**:

Anverso: Cabeza galeada de Roma a derecha: detrás, leyenda: C.LVICIEN; delante
C.MVNI.Q. gráfila de puntos.

Reverso: Cornucopia sobre rayos; a ambos lados VALEN-TIA. Todo dentro de una corona graminea obsdidialis.

B) Otras monedas no acuñadas en Valencia, aparecidas en Valencia.

Es interesante empezar con una moneda hispano-cartaginesa, anterior al 195 a.c. Se dice de ella: "el que esta pieza se hubiese perdido antes o después de que la ciudad se hubiese fundado es una cuestión irrelevante" (RIPOLLES, 2002, pag-341).

En mi opinión, sí es interesante tener en cuenta esta moneda ya que puede estar indicando el paso de tropas cartaginesas en dirección a Saguntum, siguiendo la Via Heraclea, que además, pasa por Valencia, teniendo en consideración que las tropas de Anibal van de sur a norte, y debieron pasar por lo que algún día se llamaría Valencia.

Seguimos con el depósito monetario del carrer Sagunt, de Valencia. Se encontraron 5 dracmas de Arse, fines del siglo III a.c. (García y Ruiz 1997, 43), un octavo de Arse (Villalonga 1994,nº-36) y un denario romano-republicano acuñado en los años 189-180 a.c. (Crawford 1974, nº-147/1). La calidad y buena conservación del conjunto habla de poco tiempo de circulación.

Otro ejemplo, en l'Almoina, que no cita P.P. Ripollés en su estudio del 2002, en un nivel cerámico del siglo II a.c., aparece un As de Roma (acuñado entre el 179-170 a.c. y un divisor de Arse con decoración en pecten. (RIBERA, pag-152)

Podemos añadir al conjunto la presencia de monedas ibéricas, que están dentro de un arco temporal situado entre el 195 a.c. y el 72 a.c.

Ausesken: 1 semis
Kese: 2 semis // 2 triens
Arse: 1 semis // cuadrante: 40 //Sextans: 21
Saiti: 6 semis
Ikalesken: 1 semis
Lakine: 2 semis
Kelse: 1 semis
Ilturo: 1 semis
Iltirta: 1 semis
Sesars: 1 semis
Bolskan: 1 denario
Sekaisa: 1 semis
Tamaniu: 1 semis
Ebusus: 7 aes
(RIPOLLES, 342)

Y como curiosidad, en el solar de la calle Salvador, aparecieron 195 denarios romanos, cuyas emisiones se sitúan entre el 211 y el 77 a.c. La cronología, aunque amplia, constata, que tenemos presencia de monedas entre la Segunda Guerra Púnica y la destrucción de la ciudad en la guerra civil sartorio-pompeyana, en forma de pequeña fortuna monetaria a modo de resumen histórico-monetal de la vida de la ciudad en ese período.

Aunque las monedas circulan tiempo, no hay ninguna razón, para plantearse muy seriamente que muchas monedas citadas, tan antiguas y, por supuesto anteriores al 138 a.c., circularon en Valentia en el período en que son acuñadas.

La cerámica, no desdice, y la historia tampoco. La numismática añade más datos confirmando unas fechas más antiguas para la ciudad.

Si no fuera así, por esta misma regla, no podríamos datar yacimientos romanos imperiales, a partir de las monedas imperiales que encontramos, ya que tendríamos que dar márgenes de muchos años para datar un estrato, y eso sin contar que en época medieval, aún se emplean como moneda, monedas romanas, por ejemplo.

Tal como decía, el fin de la Segunda Guerra Púnica, debemos tenerlo presente para datar los orígenes romanos de la ciudad, y las monedas, en su conjunto, tampoco desdicen la hipótesis defendida.

Es interesante que casi la mitad de las monedas aparecidas en Valentia en época republicana, proceden de Sagunt, y estadísticamente, el volumen de las monedas acuñadas en Valentia, sería un volumen no superior al 25 % de todas las monedas circulan en la ciudad.

No obstante, la numismática de la Valencia republicana, aún puede darnos más datos gracias a su comparación con otras monedas de Italia, como veremos más adelante.

11-El posible templo de Valentia a Ceres-Demeter (y la Triada Aventina)

Hasta ahora hay dos piezas de terracota encontradas en Valentia (Hispania), una tiene una decoración en palmetas verticales de 7 lóbulos combinados con dobles espirales **(FIG-9)**. Este motivo combinado de palmetas y espirales, se encuentra en las losas decraticas etrusco-itálicas entre el siglo III y I a.c. "*la seua presència deu indicar la existencia d'un edifici públic, segurament un temple, al qual estaría fixada i que deuria estar ben a proa del lloc de la troballa, com es dedueix de la situació topogràficourbanística general. La recent troballa d'una altra terracuita, aquesta de coronació i no de revestiment,a les excavacions de Roc Chabas, amplia el panorama i confirma que la zona pertanyeria a l'area pública*" (RIBERA, pag-485).

FIG-9. Terracota decorativa posiblemente del templo de republicano de Valentia.

Pero la pieza más importante a nivel iconográfico, por la imagen que representa, más allá de una imagen femenina **(FIG-10)** . Hasta ahora se la clasifica como de tradición italo-etrusca:

"*Dintre de la probable àrea monumental s'ha fet una troballa solta d'especial interés, una placa ceràmica de revestiment arquitectònic, una terracota o llosa arquitectónica, apareguda sense context estratigràfic al carrer de l'herba... En la tradició italicoetrusca se'n troben sovint, des de la fase arcaica fins al final de la República... La finalitat principal era cobrir i protegir les bigues de fusta.*" (RIBERA, pag-484).

FIG-10. Antefija de terracota del probable templo a Ceres-Demeter en Valentia (Hispania)

En mi oponión, aunque se la clasifique como de tradición italo-etrusca, mi opinión es que es de tradición greco-itálica, del sur de Italia, y no de Etruria. Respecto a su significado iconográfico, más allá de lo simplemente decorativo, tiene varios.

En sí misma, ya indica que estuvo en un lugar público, un templo. Pero además, la imagen que hay en ella, tiene paralelos que hasta ahora no se han investigado.

Tiene aspecto de antefija, aunque también se asemeja considerablemente, a una "*pinax*". Las ***pinakes*** de terracota, que con diversas formas y funciones, encontramos por todos los templos de la Magna Grecia representan imágenes de divinidades, en este caso tiene su remate superior circular.

Esta pieza de Valentia, muestra una mujer con el pelo suelto hacia abajo, mirando de frente, y no esta claro se el pelo se corta ahí, o ha desaparecido por fractura y llegaba más abajo (la marca en la pieza, parece indicar que bajaba más hacia abajo.

La misma forma de esta pieza, actúa como velo. Pero esta imagen central, de una mujer mirando de frente, con pelo suelto y con velo. ¿Quien puede ser? Creo, que la respuesta es: Demeter-Ceres. Veamos paralelos:

A) <u>En la PINTURA</u>
En los escasísimos frescos que existend de esta diosa, podemos observar los mismos rasgos que la terracota de Valencia. **(FIG-11)**

FIG-11. Fresco representando a Demeter encontrado en Grecia.

B) En las TERRACOTAS:

FIG-12. Bustos arcaicos de Demeter de Terracota: A) El primero del Museo de Creta. B) El segundo del templo de Demeter-Ceres de Hipponion (Vibo Valentia).

C) Narcao, Sudoeste de Cerdeña. Templo de Demeter

El mismo velo cubriendo la cabeza, la misma forma del pelo largo caido a ambos lados del rostro, y en definitiva, el mismo sentido religioso, apoyan la visión de la terracota de Valencia como referencia a Démeter-Ceres **(FIG-12, A, B y C)**.

C) En la NUMISMATICA

FIG-13. LUCANIA, Laos., Cerca del siglo III a.c. Æ 16mm (2.88 gm).
Anverso: Busto de Demeter //
Reverso: Dos cuervos cruzados //Leyendas: OV izquierda, YS derecha. SNG ANS 150ff var. (different letters); BMC Italy pg. 237, 14 var.; SNG Copenhagen 1152ff var.; SNG Morcom 271 var.

FIG-14. Lucania. Metapontion. Cerca 330-290 a.c. Nomos de plata (7.93 gm).
Anverso: cara en tres cuartos de Demeter, a derecha, llevando collar y pendientes.
Leyenda: A[G] a derecha en campo debajo pendiente // [META] arriba
Reverso: a izquierda, espiga de 7 granos, hoja a la derecha, bucraneo sobre hoja.
Leyenda: AQA debajo. Johnston Class C, 2.6; SNG ANS 463-464; SNG Munich

FIG-15. Macedonia, Pella. cerca 187-31 a.c. Æ 17mm (5.82 gm).
Anverso: Cara de frente velada de Demeter /
Reverso: Leyenda: PEL-LHS// Vaca pastando a derecha sobre espiga de trigo.
Monograma debajo, monograma arriba. SNG ANS 572; BMC Macedonia pg. 92, 29; SNG Copenhagen 257; Laffaille

FIG-16. Sicilia, Gela. Cerca 339-310 a.c. Æ Tetras.
Anverso: Leyenda: ΓΕΛΩΙΩΝ. Cabeza girada ¾ de Demeter, con corona de espigas
Reverso: Cabeza barbada del Dios-Río Gelas a izquierda, granos de espigas en el pelo. Jenkins 549; SNG ANS 123; Calciati 59; BMC 77; SNG Cop 287.

D) En la ESCULTURA

FIG-17. Estatua romana de Ceres con cornucopia.

FIG-18. Diosa Ceres con cornucopia encontrada en la colonia romana de Norba Caesarina (Cáceres)

FIG-19. Cabeza de Demeter de Knidos. 350 a.c. Museo Británico de Londres.

FIG-20. Estatua tamaño natural de Livia, datada en el período de Tiberio (después del 14 d.c.), y que alegóricamente representa a la diosa Ceres.

FIG-21. Demeter en un grabado del Vaticano del siglo XVIII.

FIG-22. Busto de mármol de la diosa Demeter-Ceres, Siglo II a.c., de Anatolia.

Valentia, Potentia, Florentia, son nombres que los romanos emplean por primera vez para denominar las colonias latinas establecidas en el período de la segunda guerra púnica o poco después de su final.

E) En el MOSAICO

FIG-23. Bereket Tanrısı Demeter

Como hemos visto, la imagen de la terracota de valencia, es la representación de la diosa Ceres, una diosa Ceres, de época republicana romana, basada en precedentes iconográficos de origen griego (Demeter).

Esta es la representación de la diosa Ceres, que, no olvidemos, está bien representada en los rituales de la necrópolis más antigua de Valencia, con la porca praesentanea, y la ofrenda de un ovicáprido; al mismo tiempo aparece en las coronas gramínea y gramínea obsidialis, que aparecen en las monedas de Valentia y en los denarios de los Q.Fabius que después veremos.

Hemos visto, que también en Vibo Valentia, concretamente en Piercastello, hay una tumba con ofrenda de un ternero despiezado e incinerado.

Pero, la necrópolis que rodeaba el templo de Demeter (Ceres) en una colina que ahora veremos, expoliada en el siglo XIX, debía ofrecer gran variedad de restos.

La veneración a Demeter la encontramos ya en la ciudad griega precedente a Vibo Valentia.

Cerca del puerto de Vibo Valentia, apareció una pinax, que se relaciona con el templo de Corfino, y hablaría de un lugar de culto en el puerto para los marineros y/o como punto de comercio protegido por la divinidad.

El museo Vito Capialbi, con el nombre del insigne estudioso y arqueólogo vibonese del siglo XIX, recoge abundante material de las colecciones privadas de los viboneses, destacando fragmentos del material de terracotas, de antefijas, alguna con representación de cabeza femenina y arte votivo procedente de los santuarios de Scrimbia y de Cofino.

Entre las áreas sagradas de Hipponion (Vibo Valentia), se distingue el santuario de Cofino, por la articulación y complejidad de las estructuras recuperadas. Instalado en un llano, albergó en su interior un templo de orden jónico, del cual quedan restos escasos de la base y de algunos elementos de la decoración arquitectónica.

Entre los elementos culturales hallados en las excavaciones de 1975, destaca el depósito votivo en el que hay unas figurillas que representan a diosa Demeter con las cualidades de la antorcha y un puerco, datables todas del siglo IV a.c.

Todos los depósitos votivos que aparecen estuvieron en uso entre el siglo VI a.c. hasta el siglo IV a.c., siendo edificado el templo entre fines del siglo V a.c. e inicios del IV a.c.

El santuario parece tener una destrucción violenta con el abandono definitivo alrededor del siglo II a.c.
Paolo Orsi conecta este momento con la deducción de la colonia latina de Valentia (194 a la a.c.). El área entonces vendrá a ser reocupada en época imperial, pero probablemente con un cambio de función. El material votivo que se recuperó en el santuario muestra claramente la divinidad que era venerada. Un estudio reciente, muestra que los pìnakes sobretodo indican la devoción a Persefone en el siglo VI a.c. y V a.c., mientras que las estatuillas de Demeter con antorcha y porca testimonian un emergente culto de la madre de Persofone, Demeter, junto a su hija Persefone, en el siglo IV a.c.

Hay que señalar la aparición de la cabeza de un guerrero de terracota datable del final del siglo IV a.c., relacionado con los conquistadores de Hipponion, por parte de los Bretti, una clase dirigente y dominante en la ciudad, que sucumbirá con la llegada romana.
Sólo nombrar el otro templo, el dórico del Belvedere, en Hipponion también, donde destaca la abundancia de la decoración arquitectónica de revestimiento en terracota, con decoración en relieve y gran calidad artística.

Pero si vamos a Roma, veremos que el templo de Ceres en Roma, fue dedicado a ella en el 493 a.c.

Theodor Mommsen, en su historia de Roma, pag-113 (desde la abolición de la Monarquía en Roma a la Unión de Italia), habla del escultor Damophilus, quien con Gorgasus preparó la figuras de terracota pintadas del antiguo templo de Ceres, parece haber sido Demophilus de Himera, (de la Sicilia griega) el maestro de Zeuxis (300 a.c.).

H.H. Scullard, en el 146 a.c. aún estaba en la Colina del Aventino, el templo de Ceres, Liber y Libera, con su decoración de terracota realizada por artistas griegos, con estilo más refinado que los anticuados templos de estilo estrusco-latino.

La tríada aventina Ceres-Libero-Libera representaba a los plebeyos.

Ceres representaba a la diosa italiana del grano, equiparable con la griega Demeter. Estaba asociada con otras dos deidades más, también de origen griego, Liber (identificado con Dionisos) y a Libera (identificada con Kore-Persephone), de modo que la tríada romana de Ceres-Liber-Libera repetía la tríada de Eleusis de Demeter-Iacchus/Bacchus-Kore. Cuando el grano era sembrado en la tierra, fue protegido por otra tierra-diosa italiana, Tellus Mater (madre de tierra).

La colina de Aventino (Aventinus = Aventino) está al sur de Roma y es la última de las siete colinas romanas. Se separa de las otras colinas, por el valle del circo Máximus. El Aventino era tradicionalmente el territorio de los plebeyos, que tenían sus templos y santuarios principales allí.

Es el sitio tradicional donde estaba establecido Remo, mientras que Rómulo estaba en el Palatino. Estaba fuera del pomerium, y junto con las áreas en orilla occidental del Tiber, lugar que podíamos llamar "marginal" del poder, donde se permitió vivir a los extranjeros. Por tanto, era una plaza fuerte tradicional de los plebeyos.

Barbette Stanley Spaeth, Bryn Mawr Classical Review 97.10.17, en su estudio: *The Roman Goddess Ceres.* Austin: University of Texas Press, 1996. En el capítulo 4, "el Plebs", S. Hay una larga y reconocida unión, entre Ceres y la clase social de los plebeyos que tenía sus raíces en el culto triádico de Ceres, de Liber, y de Libera en el Aventino. Ahí entraría por ejemplo, el tema de los Aediles plebeyos.

Se observa que hay una oposición del culto triádico plebeyo en el Aventino, y el culto triádico patricio del Capitolio: Júpiter, Juno, y Minerva.

Esta separación, que era tanto física (por el lugar distinto y marginal) como religiosa, pudo haber ayudado a crear, a definir, y a organizar un "sentido social plebeyo" separado de los patricios, y como dice Stanley Spaeth: "así que el culto de la tríada unió a los plebeyos, que sentían por primera vez que podían establecer a una comunidad consciente de su propia fuerza y de la posibilidad de oponerse a energía patricia" (pag-92).

Stanley Spaeth también relaciona la presencia de Ceres en monedas en la última república como propaganda de los plebeyos o de los populares.

Diana fue vista como protectora de las clases oprimidas, especialmente los esclavos. Esto era verdad de Bona Dea y de Ceres. También [Spaeth, 92], identifica Ceres como la diosa de los plebeyos. Bona Dea tenía dos festivales, uno el 1 de mayo relacionado con un culto místico y un banquete nocturno, sólo de mujeres y otro el 3 de diciembre. Los ritos de mayo incluían el sacrificio de una puerca embarazada, ofrecido tradicionalmente a Terra Mater y a Ceres. Las matronas usaban vendas púrpuras y asaban el cerdo en el hogar y ofrecían el tocino a Bona Dea con libaciones (más adelante, en su lugar se ofrecían tortas en forma de puerca). La mujer más anciana presidía, mientras que las mujeres jóvenes participaban en juegos públicos. [Labeo de Macrobius, en Brouwer, 224; 351; Scheid, 391]

El centro de estos misterios era la colina de Aventino. Esta parte rural de la ciudad era el hogar de algunos de los templos más viejos de Roma, tales como los de Carmenta, Mercurio, y de Diana. Como ya hemos dicho los plebeyos adoraban allí a la Triada: Ceres del Aventino, Liber y Libera que prosperaba allí. Allí también se encontraba el centro de "Bona Dea", incluso había un barrio llamado "de las mujeres de Bona Dea", relacionado con la venta de hidromiel y tortas. [Brouwer, 385]. Muchos extranjeros se instalaron en esa zona, trayendo sus propias religiones. El Aventino se convirtió en el centro de la multiculturalidad de dioses, de ritos y símbolos.
[Pailler, 42, 130].

Entre las viejas deidades del Latium pre-romano se honraba a la diosa Ops en el "Consualia", un festival que celebraba el almacenaje del grano cosechado, en el Aventino. [Pouthier, 103 fn].

Los adoradores de la diosa Stimula ("aguijón") con su forma divina de madera sagrada, clavada en la parte baja de la colina de Aventine, fue sincretizada con Ceres (que ya podía también interpretarse ella misma con Tellus (diosa concretamente del grano sembrado) y a Ops, así como con Semele, la madre de Dionysos. [Pailler, 251, 94, 133-4].

Muchas eran en el Aventine las nacionalidades conquistadas que allí estaban, entre ellos los pueblos del Sur de Italia, que trajeron consigo los rituales Eleusinianos, dionisiacos y de Órficos, de sus patrias de origen, patria llamada en general por los romanos como Magna Graecia.

La mayoría de las sacerdotisas de Ceres vinieron de esta región. En las plegarias del "ritus Graecus", las grandes procesiones de mujeres cantantes iban a lo largo del Tiber hasta templo del Aventino de Juno. Estos ritos se mezclaron fácilmente con los cultos del Aventino dedicados a Ceres, de Stimula y de Mater Matuta. [Pailler, 250, 278-9, 131, 6, 10]

Esta explicación del culto a Ceres, y su relación con las clases más desfavorecidas de la sociedad y gente de la Magna Grecia que es extranjera para los romanos, nos ayudará a entender eso que tantas veces es difícil de encontrar en la arqueología, y es la mentalidad y creencias de la gente que vivió hace tanto tiempo. La aparición de Ceres en la Valentia antigua, aunque sea una pieza de terracota, algo que también sucedía incluso en Roma en el templo de Ceres, además hecho por gente de la Magna Grecia, nos proporciona una visión más completa y nada extraña de la mentalidad de los nuevos emigrados a Valencia, gente de nivel social que podíamos llamar plebeyo, desheredada en guerras y disposiciones.

B) EXPLICACIÓN DESDE ITALIA

12-Origen de los "nomina" más antiguos de Valentia (Hispania)

Una buena base para empezar, son los nombres de los que tenemos constancia de aquel período, que nos llevan directamente a Italia.

Especialmente estudiados por María José Pena se pueden leer los siguientes magistrados monetales:

AHIVS = área del Samnio, Pentro y Frentano y Campania
CORANIVS = derivado del nombre CORA, la actual Cori.
LVCIENVS = según Schulze y Conway, los nomina con sufijo en –ienus son frecuentes en zonas de dialectos oscos.
MVNIUS = es de notable abundancia en las áreas de los dialectos oscos.

"En algunos de los ejemplos que Gabba aporta a continuación de estas palabras puede, sin duda, profundizarse más de lo que él hace; tal es el caso de los nomina de los magistrados montéales de Carteia, entre los cuales no sólo hay algunos que de tan raros son prácticamente desconocidos, sino que, además de Raius y Opsilius, citados por Gabba, se encuentra Vibius, nomen osco, maius, también gentilicio osco, atestiguado en su forma Mahius en asernia... Admitir que había itálicos entre la élite valentina, durante la primera fase de la historia de la ciudad no es actualmente admitir una pura hipótesis, puesto que la presencia de itálicos esta atestiguada, incluso en época anterior, en otros puntos de la costa mediterránea hispánica, como son Emporiae y Tarraco. En efecto las dos inscripciones latinas más antiguas conocidas hasta ahora en la Península Ibérica, el grafito de Emporion sobre cerámica de barniz negro y el grafito de la muralla de Tarraco, atestiguan nombres oscos en el sentido amplio del término, Vesvia en un caso, Vibius en otro" (M. JOSE PENA, pag-161-162, Saguntum. Los Magistrados montéales de Valentia, 1986)

VENULEIVS = testimoniado en territorio etrusco, y en escritura osca, es decir, sería una osquización de un nombre etrusco.
VIRIVS = es la latinización osquizante del nomen osco Virriis.
MAGIDIUS = el sufijo (-idius) es un nomen con toda seguridad osco (Magiis) (pag-273- 274 pag, MARÍA JOSÉ PENA).

De este modo, la gente italiana que vivió en la ciudad de Valentia (Hispania), en sus orígenes, tenían lengua osca, y cultura griega que se muestra en su necrópolis y religión. Nombres oscos (indígenas italianos), con rituales de influencia griega...¿una aparente contradicción?. No.
Veamos un poco la lengua de origen de esta gente.
Podemos dividir los dialectos del itálico en dos grupos, el Latino-Falisco y el Osco-Umbro. El Latino-Falisco abarca el latín, de quien había variaciones locales en las diversas ciudades de Latium, y el Falisco, hablado en la parte del sudeste de Etruria.

Mientras, inscripciones en osco han sido encontradas en el Samnium, Campania, Apulia norteña, Lucania y Bruttium, siendo la inscripción más larga hasta ahora encontrada, la Tabula Bantina en la Lucania. Por tanto, la zona de la que defiendo la teoría de la procedencia de los primero itálicos en Valentia, está dentro de la zona osco-parlante. Veamos esas dos ciudades.

Vibo Valentia, fundada por griegos, con el nombre de Hipponion, a finales del siglo VII a.c y Thourioi, fundada junto la arrasada Sibaris, por atenienses, con el tiempo amiga de Roma, posteriormente llamada Copia, pero pronto vuelta a llamar Thuria oThurium, latinización de su nombre griego .

Hipponion (Vibo Valentia), es ocupada por los Brucios (Bruttii), que hablan osco, en el 356 a.c. y pierden su independencia. En el 290 a.c., su población es deportada y substituida por colonos Bruttii. Las monedas muestran inscripciones en lengua osca, siendo traducido el nombre de Hipponion por su traducción Osca: *Veipunum*. Más tarde este nombre da origen a: Vibo. Por tanto, ya tenemos una ciudad griega (Hipponion), rebautizada al nombre osco (Vibo), y a la que se le añade posteriormente el nombre de la colonia latina fundada al lado, Valentia, (año 192 a.c.), parte del nombre de final griego-osco-latino = Vibo Valentia.

La otra colonia latina fundada por los romanos después de la Segunda Guerra Púnica, es Copia (Italia), colonia latina fundada un año antes (193 a.c.). Ellas dos aportan nuevos datos para entender los orígenes de la ciudad de la romana Valentia (Hispania).
Pero profundicemos en estas ciudades de una manera más detallada.

13-La Segunda Guerra Púnica en Italia: El Bruttium (Vibo Valentia) y la Lucania (Thurium)

Dejando a un lado la opinión de los veteranos lusitanos, la alternativa que defiendo es la siguiente. Los primeros pobladores de la Valentia romana, eran gente procedente de la Magna Grecia, concretamente de lo que en época de Augusto, era la REGIO III, área que se dividía en Bruttium (donde se encuentra la colonia de Valentia (Vibo Valentia)) y Lucania (donde se encuentra la colonia de Copia (Thuriam)). Estas dos subregiones, tienen paralelos en Valentia y su territorio y ofrecen los elementos para creer que fueron las localidades concretas que dieron la mayor parte de la población de Valentia (Hispania).

Hagamos una introducción Geográfico-histórica. Completada la conquista del territorio de la Península Italiana, los romanos organizan el territorio, y fundan colonias romanas con el aporte de ciudadanos romanos.

El proceso, lento, dura un siglo o siglo y medio, hasta llegar al siglo I d.c. con la sistematización en la legislación augustea y en la reorganización territorial. Italia será dividida administrativamente en 11 regiones:

I	Latium y Campania
II	Apulia y Calabria
III	Bruttii y Lucania
IV	Samnium
V	Picenum
VI	Umbria
VII	Etruria
VIII	Aemilia
IX	Liguria
X	Venecia y Histria
XI	Transpadona

La Regio III presentaba dos subregiones bien distintas: la Lucania, que corresponde de manera general, a la zona actual de la Basilicata italiana; y la región de los Bruttii, que corresponde a la región actual de Calabria.

Del sustantivo Bruttium (de donde deriva la forma italiana Bruzio, no se atestigua en el latín clásico, solo para designar el territorio en cuestión se le conoce el plural étnico: Bruttii (que quiere decir el territorio de la población de los bruzios).

El límite entre estos dos territorios, se encuentra en el río Lao, pero respecto a la frontera en el golfo de Tarento, su límite estaría delimitado en algún punto entre las antiguas colonias griegas de Heraclea (al Norte), y Sibaris, la posterior "Copia" (al Sur).

Respecto a la estructura política, las fuentes literarias hablan de una especie de poleis griegas con un tipo de democracia militar. Las primeras relaciones entre lucanos, y romanos parecen reflejarse en el 330 a.c. a modo de alianza, alianza rota en el 317 a.c. En el 298 a.c. Roma interviene a favor de los Lucanos contra los samnitas, dando inicio a la III Guerra samnita. Y posteriormente, en el momento de la Segunda Guerra Púnica, los de Hipponion (Valentia) se posicionan a favor de Anibal y Thuria (en contra). La destrucción, seguida a la Segunda Guerra Púnica, y la voluntad de Roma en afianzar su hegemonía, dan lugar a una fuerte romanización de la región, en un proceso que Estrabón tilda a modo de "desnacionalización de los lucanos". Veamos el texto donde podemos interpretar lo acabado de decir:

Estrabón: *Geografía*, VI, 1, 2:

Οὕτω δ' εἰσὶ κεκακωμένοι τελέως αὐτοὶ καὶ Βρέττιοι καὶ αὐτοὶ Σαυνῖται οἱ τούτων ἀρχηγέται, ὥστε καὶ διορίσαι χαλεπὸν τὰς κατοικίας αὐτῶν· αἴτιον δ' ὅτι οὐδὲν ἔτι σύστημα κοινὸν τῶν ἐθνῶν ἑκάστου συμμένει, τά τε ἔθη διαλέκτων τε καὶ ὁπλισμοῦ καὶ ἐσθῆτος καὶ τῶν παραπλησίων ἐκλέλοιπεν, ἄλλως τε ἄδοξοι παντάπασίν εἰσιν αἱ καθ' ἕκαστα καὶ ἐν μέρει κατοικίαι.

[Texto de la edición de F. Lassère, Strabon. Géographie, Tome III (Livres V et VI), Paris 1967]

Traducción: "Es difícil de distinguir entre los lucanos, los brettii y los Samnintas que habitan en el interior del golfo de Tarento. No tienen entre ellos organización política que haya sobrevivido, y sus usos particulares, por lo que concierne a su lenguaje, su forma de armarse y de vestirse y cosas de ese tipo, están completamente desaparecidas. Si se consideran por separado, su legado carece de importancia"

[Traducción que he hecho del texto italiano por A.M. Biraschi in A.M. Biraschi, Strabone. Geografia. L'Italia. Libri V - VI, Milano 1988]

FIG-40. Plano de la Regio III Augustea y vecinas.

La población de los Bruzios (o Brettii), tal como este pueblo es llamado en las fuentes griegas, instalados en la parte meridional de la regio III, tienen el mismo origen osco, que los lucanos, de este modo, según Estrabón, los Bruttii originarimente, servían como pastores a los Lucanos.

Estrabón, *Geografía*, VI, 1, 4:

Ὑπὲρ δὲ τούτων Βρέττιοι χερρόνησον οἰκοῦντες, ἐν ταύτῃ δ' ἄλλη περιείληπται χερρόνησος ἡ τὸν ἰσθμὸν ἔχουσα τὸν ἀπὸ Σκυλλητίου ἐπὶ τὸν Ἱππωνιάτην κόλπον. Ὠνόμασται δὲ τὸ ἔθνος ὑπὸ Λευκανῶν· Βρεττίους γὰρ καλοῦσι τοὺς ἀποστάτας· ἀπέστησαν δ', ὥς φασι, ποιμαίνοντες αὐτοῖς πρότερον, εἶθ' ὑπὸ ἀνέσεως ἐλευθεριάσαντες, ἡνίκα ἐπεστράτευσε Δίων Διονυσίῳ καὶ ἐξετάραξεν ἅπαντας πρὸς ἅπαντας.

[Texto sacado de la edición de F. Lassère, *Strabon. Géographie, Tome III (Livres V et VI)*, Paris 1967]

Traducción: "Un poco más allá de los lucanos, están los Brettii, que habitan una Península en la cual esta incluida otra península, cuyo istmo, va desde Scillezio hasta el golfo de Hipponion. El pueblo al sur ha recibido el nombre de "Lucanos" y estos últimos, de hecho, llamaron "Brettii" a los rebeldes. Estos "Brettii" (rebeldes", en un principio estaban dedicados a la agricultura al servicio de los lucanos, siendo después libres por indulgencia de sus patronos, se rebelaron, según de dice, cuando Dion hizo la guerra contra Dioniso y levantó todos estos pueblos, los unos contra los otros".

[Traducción de A.M. Biraschi in A.M. Biraschi, *Strabone. Geografia. L'Italia. Libri V - VI*, Milano 1988]

Por tanto, el pueblo Bruttii, nace de la división en la lucha contra los lucanos, en los años de la lucha entre Dionisio de Siracusa y su opositor Dion, en torno al 356 a.c.

La referencia de Estrabón, parece referirse a la rebelión de los Bruttii, como un instrumento de presión contra las ciudades griegas de la Calabria meridional; o puede referirse sencillamente a que los Bruttii se aprovecharon de la situación política y militar para liberarse de la hegemonía lucana.

Después de su liberación, los Bruttii formaron una liga, que tenía su centro en la localidad de Cosentia, la actual Cosenza. En los decenios siguientes atacaron y conquistaron algunas ciudades griegas de la costa como Hippoinion, nuestra Vibo Valentia.

Su relación con Roma esta marcada por constantes conflictos. Los Bruttii, en concreto en el Período de la Segunda Guerra Púnica, estuvieron ayudando a Anibal en su último reducto defensivo en Italia. La punición inflingida desde Roma destruye la liga de los Bruttii, confisca su territorio y crea numerosas colonias, como la de Valentia, edificada al lado mismo de Vibo y la humillación de no poder ser militares en el ejército romano como soldados, sino solo como ayudantes, incluso solo como bufones de los magistrados en la República. Los lucanos de Thourioi o Turia, permanecieron fieles a Roma, contra Aníbal, y esto les benefició en su trato posterior.

De esta singular forma de represalia informa Appiano, historiador del siglo II d.c.

Appiano, *La guerra annibalica*, 252-253: la punizione dei Bruzi dopo la II Guerra Púnica

Ἀννίβου δ' ἀποπλεύσαντος ἡ βουλὴ τοῖς μὲν ἄλλοις ἔθνεσι τῆς Ἰταλίας, ὅσοι μετέθεντο πρὸς ἐκεῖνον, συνέγνω τῶν γεγονότων καὶ ἀμνηστίαν ἐψηφίσατο, Βρυττίων δὲ μόνων, οἳ μέχρι τέλους αὐτῷ προθυμότατοι γεγένηντο, χώραν τε πολλὴν ἀφείλετο καὶ ὅπλα, εἴ τινα ἦν ἔτι χωρὶς ὧν Ἀννίβας ἀφῄρητο· ἔς τε τὸ μέλλον ἀπεῖπεν αὐτοῖς μὴ στρατεύεσθαι ὡς οὐδ' ἐλευθέροις οὖσιν, ὑπηρέτας δὲ τοῖς τε ὑπάτοις καὶ στρατηγοῖς, τοῖς ἐς τὰς τῶν ἐθνῶν ἡγεμονίας ἀπιοῦσιν, ἐς τὰς δημοσίας ὑπηρεσίας οἷα θεράποντας ἀκολουθεῖν.

[Texto sacado de la edición de P. Viereck - A.G. Roos, *Appiani Historia romana. Vol. I*, Lipsiae 1962]

Traducción: "Después de Anibal, el Senado concedió el perdón por las cosas acaecidas y decretó amnistía a favor de aquellos pueblos de Italia que habían pasado a la parte de Anibal, mientras solamente los Bruttii, que hasta el final habían sido los más leales en el enfrentamiento (a Anibal), fueron privados de gran parte del territorio y de las armas, y cualquier cosa que recordara al paso de Anibal. Para el futuro fue prohibido a ellos, el prestar servicio militar y (fue impuesto después), acompañar como siervos para el servicio público a los cónsules y pretores que salían para gobernar a los pueblos".

[Traducción italiana de M. Intrieri in M. Intrieri - A. Zumbo, *I Brettii, II, Fonti letterarie ed epigrafiche*, Soveria Mannelli 1995]

Citaré otra referencia: esta de Aulus-Gelius, LIBRO 10.

III. *Locorum quorundam inlustrium conlatio contentioque facta ex orationibus C. Gracchi et M. Ciceronis et M. Catonis.*

XIX. Cum Hannibal Poenus cum exercitu in Italia esset et aliquot pugnas populus Romanus adversas pugnavisset, primi totius Italiae Bruttii ad Hannibalem desciverunt. Id Romani aegre passi, postquam Hannibal Italia decessit superatique Poeni sunt, Bruttios ignominiae causa non milites scribebant nec pro sociis habebant, sed magistratibus in provincias euntibus parere et praeministrare servorum vicem iusserunt. Itaque hi sequebantur magistratus, tamquam in scaenicis fabulis qui dicebantur "lorarii", et quos erant iussi, vinciebant aut verberabant; quod autem ex Bruttiis erant, appellati sunt "Bruttiani".

Traducción: (CAPÍTULO III- Comparación crítica de algunos pasajes famosos de los discursos de C. Gracchus, de M. Cicerón y de M. Catón.

19 –" Durante la estancia de Annibal en Italia, después de algunas batallas infelices para el pueblo romano, el Bruttii fueron los primeros que pasaron del lado de Annibal. Después de la salida de Annibal y la derrota de los cartagineses, los romanos, en su resentimiento, se negaron por menosprecio a recibir a Bruttii bajo sus banderas: no los quisieron por aliados; los ponían, como esclavos, al servicio de los magistrados enviados en las provincias. Seguían pues a los magistrados, desempeñando el mismo papel que el "lorarii" en las comedias, dando garrotazos y pegando con bastones. Como eran del Bruttium, se les llamó a Bruttii.

14-Resumen Histórico de Vibo Valentia (Italia)

Demos un repaso por los antecedentes de dos ciudades que están unidas étnicamente, lingüísticamente, culturalmente pero diferentemente tratadas después de la post-guerra púnica.

Vibo Valentia tiene sus orígenes a finales siglo VII a. C. La griegos de Locri se instalaron en lo que algún día se llamaría Vibo Valentia, fundando la ciudad griega de **Hipponion**, que asegura a la ciudad madre, Locro, la salida económico-comercial al mar Tirreno. Hoy en día se defiende la visión de que Ipponion fue fundado por los hijos y nietos de los locreses y espartanos, que hacia menos de un siglo, habían fundado Locri, además, absorbiendo las antiguas tribus sículas y de origen pelasgo.

En el siglo VI a.c., se observa un gran desarrollo de Ipponion.

Principios del V sec. a.c. - En este siglo encontramos la historia más antigua sobre Hpponion. En los inicios del siglo V a.c., en la época de las guerras persas, la ciudad no dependerá más de Locro, porque cae en manos de Siracusa.

Tal como dice Duride de Samos, Gelon, el conocido Tirano de Gela y Siracusa, se hizo construir una villa suntuosa denominada "El Cuerno de Amaltea", por la gran cantidad de flores y frutos que tenía.

Siglo V a.c. - Ipponion posee en estos momentos una ciudad rica, con muchos habitantes, fuerte e independiente tanto de Locro como de Siracusa.

Año 390 a.c. – Dionisios el Viejo, tirano de Siracusa, decide conquistar toda la Magna Grecia aliándose con Locri y los lucanos. Ipponion, aunque de origen de Locro, se alía con Crotona, ciudad que combate a Siracusa y Locri, y así, por ejemplo, Dionisio el Viejo, destruye un contingente de soldados de Ipponion en la toma de Caulonia en el 390 a.c.

Año 388 a.c. - Dionisios de Siracusa, ganó la guerra y al derrotar a Trotona y sus aliados, (como Ipponion), se apoderó de todo el territorio al sur del Ismo del Scylletion, arrasó las ciudades de Ipponion, Caulonia y Scylletion (Squillace), deportó gran parte de los habitantes de las tres ciudades a Siracusa para aumentar la población, y de nuevo la gente de Locro, que había fundado Ipponion, la vuelven a controlar y a reconstruir.

Año 378 a.c. - La flota cartaginesa libera del yugo siracusano a las ciudades sometidas y permite el retorno a sus ciudades de los deportados a Siracusa, entre ellos los de Ipponion.

Año 370 a.c. – La ciudad recupera cierto esplendor y prosperidad. Es en este momento cuando se empieza a cuñar moneda y entre ellas algunas con un ánfora en el reverso para el transporte del vino que atestigua una floreciente producción vinícola, o su comercio. **(FIG-24)**.

FIG-24. BRUTTIUM, Hipponium. ca 300-275 a.c. Æ Obol. Cabeza laureada de Zeus derecha / ΕΙΠΩΝΙΕΩΝ, amphora; caduceus derecha. SNG ANS 457; BMC 14v; SNG Cop 1832.

No obstante en las fuentes clásicas, Archestrato de Gela también habla de la importancia y buen gusto del atún que se pesca en Hipponion. En este siglo IV a.c., también destacan las imponentes murallas ciclópeas, las termas, el teatro, la palestra, el estadio y su puerto (con templos, estatuas, bajorrelieves, etc.).

Año 356 a.c. – La ciudad es ocupada por los Brucios y pierde su independencia

Año 340 a.c. – Alejandro de Epiro libera Hipponion de los bruttii.

Año 300 a.c. – Agatocles, rey de Siracusa, ocupa Hipponion y otras ciudades griegas imitando a su antepasado Dionisios de Siracusa.

Año 299 a.c. – Los Brucios vuelven a conquistarla.

Año 294 a.c. - Agatocles vuelve a conquistarla, y mejora el puerto y su mercado así como la fortificación de la ciudad.

Año 290 a.c. – Cuando Agatocles vuelve a Siracusa, los brucios, reconquistan la ciudad de Hipponion, la mayoría de su población es deportada y substituida por colonos brucios de raza sabélica. Las monedas muestran inscripciones en lengua osca, siendo traducido el nombre de Ipponion por su traducción Osca: *Veipunum*. Más tarde este nombre da origen a: Vibo, parte del nombre de Vibo Valentia.

En la década del 270 a.c., los cónsules romanos Corvilio y Papirio fuerzan a los brucios, samnitas y lucanos a reconocer la hegemonía romana. Hipponion disfruta ahora de la confederación romana, como *civitas foederata*. Recupera las instituciones griegas y aprueba disposiciones ofreciendo naves y marineros a Roma (*soci navales*).

Año 269 – 267 a.c. – Los romanos acuñan monedas, los Victoriatos de plata, en la ceca de Hipponion. Estos victoriatos son siglados con el monograma VB (indicando la ciudad de *Vibo*, latinización del nombre osco-sabelino, *Veipunum*, de ahí *Vei* y *Veipon*, acabando en Vibo que los Brucios le habían dado a la antigua Hipponion. Por lo tanto, se llamará, hasta su nombre definitivo de Vibo Valentia, Vibo y Vipponium.

Respecto a su papel, en la segunda guerra púnica, lo veremos más adelante.

Año 203 a.c. – En este año creo debe colocarse el momento en que los romanos atacan la ciudad de Vibo y se apoderan de la ciudad, ya que Anibal navega ya hacia Cartago.

Año 192 a.c. – Con la propuesta del tribuno de la plebe Elio Tubero, se funda la colonia latina de Valentia, ocupada por 4000 colonos con sus familias, junto a Vibo (Ipponion), coexistiendo. El nombre de Valentia, es un nombre augural que aparece en otras ciudades después de la Segunda Guerra Púnica (*Potentia, Placentia, Fidentia, Florentia, Bonomia,* etc.).

Año 80 a.c. – Sila extiende el derecho de ciudadanía romana a los pueblos itálicos con la intención de transformar las colonias latinas y las ciudades federadas en *municipi*. De este modo, la ciudad federada de Vibo y su colonia latina de Valentia, toman la ciudadanía romana, con la nueva institución, las dos entidades étnicas, separadas más de un siglo, se unen constituyendo el nuevo *municipium*, que toma, como *signum loci*, el nombre de Vibo Valentia.

Sólo añadir que desde la muerte de Octavio, en el 14 d.c., la ciudad de Valentia es indicada con el nombre de Vibona.

15-Resumen Histórico de Sibaris-Thourioi -Thurium

Croton tenía un ribal importante, Sibaris. Hubo un momento de desorden político en Sibaris, que llevó al poder al tirano Telys, que había derrocado el gobierno aristocrático. Sibaris fue destruida por Croton. Los supervivientes, que se habían refugiado en las colonias de Poseidonia, Laos y Skydros, intentaron refundar la ciudad, una primera vez con la ayuda de Siracusa, en el 476 a.c.; otra en el 448 a.c., pero encontraron la firma oposición de la ciudad de Croton. Finalmente en el 444 a.c., gracias a la intervención de Pericles, se refunda con el nuevo apelativo de Thourioi, por el nombre de la vecina fuente Thouria. Esta fue una fundación panhelénica, con peso de gente del Peloponeso, de Atenas, y entre los fundadores estaba Erodoto de Halicarnaso, un amigo de Pericles.

El filósofo Protagora de Abdera, que escribió la constitución democrática, y el proyecto urbanístico a cargo de Hipodamo de Mileto, autor del plano urbanístico del Pireo (el puerto de Atenas). Diodoro nos describe la planta de la ciudad nueva, cuadriculada con 4 *plateiai* dispuestas en un sentido y otras 3 en otro, de las que conocemos el nombre: Herakleia, Aphrodisia, Olympia, Dionysias, Heroa, Thuria y Taurina.

En la guerra Púnica, Thurium, se niega abrir las puertas a Aníbal, al igual que Metaponto y Tarento. Thurium envía una expedición con grano y hombres para aliviar el asedio de Tarento, pero son capturados. Después de negociaciones los prisioneros son liberados, pero éstos, extrañamente, consiguen que se abran las puertas de la ciudad de Thuriam a los cartagineses, huyendo la guarnición romana.

Quintus Fabius Maximus Cunctator envía comandantes para continuar la guerra y en el 207 Thurium es tomada por los romanos expulsando a las cartagineses y se instala una guarnición romana para protegerla de la continuación de la guerra que continua en el Bruttium, Abulia y parte de su propia zona en la Lucania . La primera vez que los romanos vieron un elefante fue en Lucania, y los llamaron *Boves Lucani*, por la falta de un nombre mejor.

En el 194 a.c., fue creada la colonia latina de Copia, cuyo nuevo nombre fue abandonándose a favor de la latinización de su antigua denominación: Thurii, Thurium o Thuriam.

16-Resumen Histórico de la Gens Fabia Maxima

Esta gens romana, tiene dos miembros que acuñan unos denarios de plata que tienen una cornucopia, el haz de rayos de Júpiter y una corona que lo encierra.

Veamos la procedencia de esta familia a la que los nombres acuñados en las monedas pertenecen.

Fabius (fem. Fabia) era el nomen de la gens Fabia de Roma. Los Fabii eran una de las más importantes familias patricias (*gentes maiores*) de la ciudad de Roma.

Poco se sabe de sus miembros más antiguos. Quintus Fabius Vibulanus, 450 a.c., fue cónsul tres veces (467, 465, 459) y un miembro del decemvirato. Aunque él había desempeñado servicios Roma en batallas, lo exiliaron con los otros decemviros. Su descendiente, Quintus Fabius Maximus Rullianus o Rullus, 291 a.c., fue cónsul cinco veces y dictador (315). Atacó a los Samnitas en el 325 a.c. y ganó, pero su desobediencia de órdenes trajo su condenación por parte de Lucius Papirius Cursor, que era dictador en ese entonces. Rullianus fue renombrado general, especialmente por sus victorias sobre los Etruscos, los Samnitas, y sus aliados en el Sentinum (295).

Su descendiente, Quintus Fabius Maximus Verrucosus, murió en el año 203 a.c., y fue el opositor de Aníbal, fue llamado Cunctator debido a sus tácticas, de las cuales se deriva el término "Fabiano" o "fabianismo", refiriéndose a una política paciente y en espera. Fue cónsul cinco veces (233, 228, 215, 214, 209) y dictador (217). Fabius guardó a su ejército siempre cerca de Aníbal pero nunca lo atacó directamente, acosando Aníbal continuamente, pero nunca creando batalla. Los romanos se cansaron de su política, y lo apartaron (216); la derrota en Cannae fue el resultado. En su último consulado Fabius tomó Tarentum (ahora Tarento) a los cartagineses de Aníbal, una victoria muy importante.

Otra rama de la familia fue representada por Caius Fabius Pictor (el pintor), que pintó el templo de Salus en Roma, la primera pintura romana registrada.

Su nieto fue Quintus Fabius Pictor, el primer analista romano; su historia cubrió Roma desde Eneas a la Segunda Guerra de Púnica. Su obra está perdida. Quintus Fabius Labeo, praetor en el 189 a.c., fue comandante de la flota en una campaña del Este. Un miembro adoptivo de la gens fue Quintus Fabius Maximus, cónsul (121 a.c.), llamado Allobrogicus, debido a su victoria sobre los Allobroges en la Galia.

Los Fabii, los fundadores de la familia de Quintus Fabius Maximus Cunctator, según dice Plutarco en sus "Vidas Paralelas", procedían de la unión entre una ninfa y Hércules o de la unión de una mujer nativa de Roma que sacó a Hércules de la orilla del Tíber. Según Plutarco también, podían venir de los Fodii, por su práctica de coger bestias salvajes y enterrarlas (fodere) en fosas.

Nepote en su obra "De viris Illustribus" también narra como Quintus Fabius Maximus Cunctator es enviado a Cartago para advertir que Roma no toleraría el expansionismo cartaginés y advertir que Saguntum , gozaba del estatuto de ciudad federada y aliada de Roma:

« De Viris Illustribus 3ª
Secundum Bellum Punicum »

"Nam,
Hamilcare mortuo,
Annibal
causam belli quaerens,
Saguntum,
urbem Romanis foederatam,
evertit.

Quapropter Roma
missi sunt Carthaginem
legati,
qui populi Romani querimonias deferrent,
et Annibalem
mali auctorem
sibi dedi postularent.

Tergiversantibus Poenis,
Quintus Fabius
legationis princeps,
sinu ex toga facto:
Hic ego, inquit,
porto bellum pacemque;
utrum placet,
sumite.

Poenis bellum succlamantibus,
Fabius,
excussa toga,
bellum dare se dixit ».

Plinio, en su Historia Natural, libro 22, habla de como recibió la Corona Gramínea (de hierba) por haber salvado Roma de Aníbal. Era el más raro de los honores, y estaba hecha con hierbas donde se había llevado a cabo el asedio y era presentada por el ejército o la ciudad rescatada.

"data est et a senatu populoque Romano, qua claritate nihil equidem in rebus humanis sublimius duco, Fabio illi, qui rem omnem Romanam restituit non pugnando; nec data, cum magistrum equitum exercitumque eius servasset, — tunc satius fuit nomine novo coronari appellatum patrem ab his, quos servaverat, — sed quo dictum est consensu honoratus est Hannibale Italia pulso, quae corona adhuc sola ipsius imperii manibus inposita est et, quod peculiare ei est, sola a tota Italia data".

De esta forma ya tenemos elementos que unen a Quintus Fabius Maximus con la zona valenciana, ya que defiende Saguntum en el senado de la misma Cartago en nombre de Roma.

Pero además, la relación de Quintus Fabius, viene de forma indirecta, por su actuación en el Bruttium, donde se encuentra Vibo Valentia.

Quintus Favius, fue cónsul dos veces, y tuvo grandes poderes el 215, 214 y 209 a.c.

En la Segunda Guerra Púnica, hubo el "desastre de Trasimene", en el que Aníbal eliminó dos legiones enteras, hecho que causó pánico en la capital, Roma.

El prestigio de Roma en Italia se tambalea, y nos interesa especialmente una cosa, casi toda Lucania (excepción por ejemplo de Thuriam) y Bruttium (donde se encuentra Vibo Valentia), se ponen a favor a Aníbal. Esta posición del Bruttium favorable a Aníbal, no fue perdonada por Roma.

El remedio-amenaza de emplear un dictador volvía a sobrevolar Roma, cosa que no había pasado en 30 años. La tarea de salir de la situación, fue encargada no a un dictador, sino a la Comitia Centuriata, que eligió a un hombre con experiencia y bien conocida precaución: Quintus Fabius Maximus. Este consiguió recuperar la moral con celebraciones religiosas y estratégicamente, siguió la línea de pisar los talones a Aníbal, pero evitando batallas precipitadas a toda costa. Esto provocó poco a poco una oposición a Fabius, considerando su actitud de cobarde y cuando acabó su periodo de control, fue substituido por otros aristócratas como Terentius Varro.

La táctica de Quintus Fabius Maximus Cunctator de evitar enfrentamiento directo con el enemigo, fue desoída, y otra derrota brutal romana vino en Cannae.

Q.M.F.Cunctator y sus consejos volvieron a ser escuchados. Ya en el 209 a.c. Q.M.F. Cunctator avanzó en Tarentum, junto con Marcellus, Fulvius y una flota, y la ganaron, después Siracusa y Capua, dejando a Aníbal, acorralado en el Sur de Italia, donde esta Vibo Valentia.

Q.M.F.Cunctator pensaba en que expulsar a Aníbal era suficiente, y empezar a curar las heridas causadas en Italia, su oponente, Escipión, representó el expansionismo y perseguir a Aníbal hasta su casa y gritar: "delenda est Cartago", por eso, Q.M.F.Cunctator, (al contrario del belicista Escipición) era considerado el "Escudo de Roma".

Quintus Fabius Maximus conquistó la ciudad más importante del sur rebelde italiano, Tarentum, siendo las otras ciudades de menor status e importancia para Roma. Fabius contaba ya con más de 80 años cuando se retira a Roma. El resto del sur Italiano, caería poco tiempo después.

Respecto a los perdedores italianos hubo dos varas de medir.

Entre los que salieron bien de la derrota se cuenta Capua, que cayó bajo el peso de la mano de Roma en el 210 a.c., pero sus tierras, anexionadas por Roma, fueron dejadas en manos de sus antiguos propietarios.

Algo diferente pasó más al Sur, donde las tierras fueron confiscadas a los rebeldes y se dispuso del territorio como le vino en gana a Roma, fundando colonias o asignándola a individuos particulares (*viritim*), en lo que se llama, el asignamiento viritano.

La zona del Bruttium especialmente, donde esta Vipponium (la actual Vibo Valentia), por ejemplo, había sido devastada, por lo que para hacer atractivo esta zona para la gente de los pueblos vencedores, los censores llegaron a arrendar 500 iugera a cualquier romano, latino o aliado que se atreviera a llevar a cabo esta aventura. Estas grandes cantidades de tierra en manos de unos pocos, hicieron crecer el número de ganado, ovejas y caballos como forma de aprovechamiento de tan extensas zonas, en forma de latifundio, llevado a cabo por mano de obra esclava principalmente, lo que afectó a la vida económica de Italia.

17-Monedas de la gens Fabia Maxima

Y ahora vayamos a las monedas de los descendientes de Quintus Fabius Maximus Cunctator que tantos datos encierran de esta *gens* romana.

FIG-25. Moneda de Quintus Fabius Maximus Eburnus. Denario. Año 127 a.c.
Anverso: Cabeza galeada de Roma derecha; X Q MAX (MA en monograma), detrás, ROMA.
Reverso: Cornucopia sobre manojo de rayos de Júpiter, dentro de corona de espigas. RRC 265/1. CRR 478. RSC fabia 5.

FIG-26. Moneda de Quintus Fabius Maximus. Denario. Año 82 o 80 a.c.
Anverso:Cabeza laureada de Apolo. Detrás ROMA, debajo X debajo barbilla Q MAX (MA en monograma) o Q MX, lira delante
Reverso: : Cornucopia sobre manojo de rayos de Júpiter, dentro de corona de espigas. RRC 371/1. CRR 718. RSC Fabia 6.

18-Monedas de la Colonia romana de Valentia (Italia)

Seguidamente este apartado también se centrará solo en ofrecer la iconografía de las monedas de la colonia de Valentia (Italia) así como sus tipos, dejando para más adelante su análisis.

Veamos sus tipos:

As: Anverso:Cabeza de Júpiter // Reverso: Fulmen de rayos y leyenda Valentia.

Semis: Anverso:Cabeza de Hera // Reverso: doble cornucopiae

Triens: Anverso: Cabeza de Minerva // Reverso: Buho sobre espiga

Quadrans: Anverso:Cabeza de Hercules // Reverso: 2 mazas

Sextans: Anverso:Cabeza de Apolo // Reverso: lira

Uncia: Anverso:Cabeza de Artemisa o Diana // Reverso: Perro caza

Semiuncia: Anverso: Cabeza de Mercurio // Reverso: Caduceo

La Lex Plautia Papiria, del 89 a.c., *De asse semunciali* (Plin. *Hist. Nat.* xxxiii. 3. 46), dio fin a las monedas de bronce que en los pocos pueblos confederados de Italia se acuñaban con su propio nombre, a excepción de Paestum.

FIG-27. Bruttium. Valentia. 192-89 a.c.Æ Quadrans. Cabeza barbada de Hercules derecha, con la pield e leon en cabeza: tres pellets detras., dos mazas y creciente. Leyenda: Valentia.

FIG-28. BRUTTIUM. Valentia (Hipponium) 192-89 a.c.Æ Sextans.Cabeza laureada de Apolo a derecha. Dos pellets detras. Reverso: lira, con dos pellets detrás. Bibliografía especializada: SNG ANS 485; BMC 31; SNG Cop 1856.

FIG-29. BRUTTIUM, VALENTIA, 192-89 a.c. AE17 Triens. Anverso: Cabeza de Atena derecha.
Reverso: búho a derecha sobre espiga de buho, 4 pellets. Leyenda: /VALENTIA

FIG-30. BRUTTIUM. Valentia (Hipponium). ca 192-89 a.c. Æ18. Semisis As.Cabeza de Hera derecha.
Reverso: VALENTIA, doble cornucopia. Leyenda: Valentia

FIG-31. BRUTTIUM. Valentia (Hipponium). ca 192-89 a.c. Æ As. Cabeza laureada de Jupiter derecha.
Reverso: VALENTIA, haz de rayos alados. Referencia en literatura especializada: SNG ANS 472-473; BMC 1v.

19-Monedas de la colonia romana de Copia y su precedente Thourioi (Italia)

Después de ver Valentia, veremos los precedentes numismáticos de la Colonia romana de Copia, cuando aún no se llamaba así, sino *Thourioi*. Es interesante, ya que el empleo de la cornucopia como pieza central, y el Apolo con lira en el anverso, es anterior a Valentia (Italia).

Después del 300 a.c., los tipos referentes a la advocación a Apolo y Artemis, desplazan la cabeza de Atenea y el Toro. Este nuevo tipo de moneda no es de larga duración:

Anverso: Cabeza de Apolo // Reverso: trípode
Anverso: Cabeza de Apolo // Reverso: lira
Anverso: Cabeza de Apolo // Artemis cazadora
Anverso: Cabeza de Artemio // Anverso: Apolo de pie, sosteniendo lira.
Anverso: Cabeza de Apolo // Anverso: Cornucopiae
Anverso: Cabeza de Apolo // Anverso: Haz de rayos de Júpiter

FIG-32. Thourioi. AE15, 300-250 BC.
Anverso: cabeza de Apolo laureada.
Reverso: Lira. Leyenda ΘΟΥ–ΡΙΩΝ.
Peso: 3.68 g. Bibliografía: SNG ANS2 1197-1199.

FIG-33. Thourioi, AE13. Periodo: 320-240 BC
Anverso: Cabeza de Apolo laureada
Reverso: Cornucopia. Leyenda: ΣΩ ρ., ΘΟΥ λ., Debajo: ΦΙ

Peso: 1'44 g. Bibliografía: SNG X (Morcom) 322 320-240 BC
Laffaille 64 220 BC ca.

FIG-34. LUCANIA, Thourioi. Perido 280-250 a.c. Æ 13mm.
Anverso: Cabeza laureada de Apolo a izquierda;
Reverso: Cornucopia. Leyenda: monograma AΠ detras/ ΘΟΥ, cornucopiae; izquierda: ΣΩ; derecha: ΦΙ . Bibliografía: BMC 151, SNG Cop 1518.

FIG- 35. LUCANIA, Thourioi. Perido 280-250 a.c. Æ 13mm.
Anverso: Cabeza laureada de Apolo a izquierda;
Reverso: Haz de rayos de Júpiter. Leyenda ΘΟΥΡΙΩΝ.

Con la creación de la Colonia romana de Copia: 194, 'in Thurinum agrum' (Livio.xxxiv. 53), la acuñación vuelve, bajo el nuevo nombre de Copia, restringida a pequeños bronces acordes al peso semiuncial que era prevalente en el Sur de Italia antes de su legalización en Roma (Mommsen-Blacas, iii. Pag-. 194). Cf, las monedas de Paestum, Brundisium, Uxentum, and Valentia.
Todos tienen en el reverso, la cornucopia, y en el anverso cambia:

As. Anverso: Cabeza de Jano. // Reverso: COΠIA Cornucopia
Semis. Anverso: Cabeza de diosa velada. // Reverso: COΠIA Cornucopia
Triens. Anverso: Cabeza de Minerva. // Reverso: COΠIA Cornucopia
Quadrans. Anverso: Cabeza de Hercules. // Reverso: COΠIA Cornucopia
Sextans. Cabeza de Mercurio // Reverso: COΠIA Cornucopia

La Lex Plautia Papiria, 89 a.c. da fin a las monedas locales, legalizando el AS semiuncial con el peso de Roma.

FIG-36. LUCANIA, Copia (Thourioi). Circa 193-89 BC. Æ Quadrans (2.57 gm). Head of Herakles right, wearing lion's skin headdress; three pellets behind / Cornucopiae; three pellets below. SNG ANS -; BMC Italy pg. 303, 4; SNG Copenhagen -; SNG Morcom -; Laffaille -; Weber -; Garrucci pl. 107, 33. EF.

FIG-37. LUCANIA, Copia (Thourioi). Circa 193-89 BC. Æ Quadrans. Head of Herakles right, in lion's skin headdress; three pellets behind / COPIA right, L. LAID left; cornucopiae; three pellets below. Sear 645v.

20-Comparación de monedas de Copia y Valentia (Italia)

Veamos pues la comparación de estas dos ciudades tan paralelas en tantas cosas.

FIG-38. BRUTTIUM. Valentia (Hipponium). ca 192-89 a.c. Æ18. Semisis As.
Cabeza de Hera derecha.
Reverso: VALENTIA, doble cornucopia.
Leyenda: Valentia

FIG-39. LUCANIA, Copia (Thourioi). 193-89 a.c. Æ Quadrans (2.57 gm).
Anverso: Cabeza de Hercules a derecha. Llevando la piel de león; 3 pellets detrás.
Reverso: Cornucopiae; 3 pellets debajo. Leyenda: Copia. Bibliografía especializada.. SNG ANS -; BMC Italy pg. 303, 4; SNG Copenhagen -; SNG Morcom -; Laffaille -; Weber -; Garrucci pl. 107, 33. EF,

FIG-40. Bruttium. Valentia. 192-89 a.c.Æ Quadrans. Cabeza barbada de Hercules derecha, con la pield e leon en cabeza: tres pellets detras., dos mazas y creciente. Leyenda: Valentia.

FIG-41. Thourioi , AE15 . 300-250 BC
Anverso: Cabeza de Apolo laureada .
Reverso: lira, Leyenda: ΘΟΥ–ΡΙΩΝ
Bibliografía especializada .SNG ANS2 1197-1199 3.68 g

FIG-42. BRUTTIUM. Valentia (Hipponium) 192-89 a.c.Æ Sextans.
Cabeza laureada de Apolo a derecha. Dos pellets detrás.
Reverso: lira, con dos pellets detrás.
Bibliografía especializada:. SNG ANS 485; BMC 31; SNG Cop 1856.

21-Comparación entre la gens Fabia Maxima, Thurium (Italia), Valentia (Italia) y Valentia (Hispania)

He separado por su iconografía, dos grupos generales:

TIPO 1)
    <u>Anverso</u>: **Con cabeza divinidad**
    <u>Reverso</u>: **Con cornucopia// Con rayos de Júpiter // Con cornucopia y rayos de Júpiter**

FIG-43. Moneda de la colonia de Valentia (Italia)

FIG-44. Moneda de la Colonia de Copia (Italia)

FIG-45. Moneda de la colonia de Valentia (Italia)

FIG-46. La corona de los ases de bronce de Valentia (Hispania)

FIG-47. Moneda de la Colonia de Valentia (Italia)

FIG-48. Moneda de Quintus Fabius Maximus Eburnus. Denario.

2) TIPO 2:
   Anverso: Cabeza de Apolo
   Reverso: Lira de Apolo

FIG-49.Moneda de Thourioi (precedente de la Colonia romana de Copia).300-250 a.c.

FIG-50.Moneda de la colonia romana de Valentia (Italia). 192-89 a.c.

FIG-51. Moneda de Quintus Fabius Maximus. Denario. 82- 80 a.c.

El por qué de esta relación iconográfica entre alguna de estas monedas ha sido estudiado de manera superficial hasta hoy.

Hasta ahora podemos hablar de la corriente única de la Lusitania y Viriato. Maria José Pena, cita a Q.Fabius Maximus Aemilianus que tuvo algunos éxitos militares en la Lusitania (142-141 a.c) y Quintus Fabius Maximus Servilianus, quien firmó un tratado de paz con Viriato.Aunque ninguno de los dos tenía sangre de Quintus Maximus Fabius Cunctator, fueron adoptados por la gens Fabia Máxima.

P. P. Ripollés dice respecto a la semejanza de los motivos de Valentia (Hispania) y los Quinta Fabia: "…mediante estos diseños, que ya habían sido utilizados en alguna ciudades del sur de Italia y que tenían una clara lectura iconográfica para ellos, los valentini expresaron , además, su vinculación con algunos miembros de la familia Fabia, bajo cuyas órdenes habían luchado los soldados que, una vez desmovilizados, fueron asentados en Valentia; la copia por parte de las monedas de Valentia de los diseños utilizados en la emisión de denarios romanos del magistrado Q.Fabio Máximo, así lo sugiere" (P.Piu.Ripollés,pag-338).

Por tanto tenemos dos versiones en la que la vinculación de los Quinta Fabia con la Lusitania es de nuevo el referente. Pero destaca el que de pasada habla de diseños iconográficos ya utilizados en ciudades del sur de Italia, pero al final, los diseños de Valentia (hispania), serían una copia de las monedas de los Quinta Fabia bajo cuya órdenes habían luchado.

Pero, la cuestón es resolver quién copia a quíen y por qué, y qué significados tienen esos elementos representados.

Pero, si Valentia, se hubiera llamado Pompeya, y las monedas de Pompeya hubieran sido semejantes entre ellas, etc, creo que ya haría siglos que estaríamos hablando de la procedencia pompeyana de los primeros valencianos. Esto sucede con las monedas de Valentia (Hispania) y las de Valentia (Italia), mismo nombre, mismos motivos decorativos, misma cultura, misma lengua, sin olvidar la ciudad gemela de Valentia en Italia , Thuria.

También se hace referencia a la polémica de quien copió a quien, los Q.Fabia a Valentia o Valentia a los Q.fabia; o a que esta copia haría referencia a los soldados licenciados que habían servido bajo miembros de la familia y la más extraña es la del rayo que golpeó en el trasero a Q.Fabius Eburnus y de ahí la presencia de los rayos de Júpiter en el denario.

Las monedas de Valentia (Hispania), empiezan a ser acuñadas en el 127 a.c. Se dice esto porque se cree que las monedas de Valentia (Hispania) son imitación de las monedas de Quintus Fabius Maximus Eburnus, que tienen sus mismos motivos, acuñada en el 127 a.c.

Pero, sabemos que tanto Quintus Fabius Maximus Eburnus, copia, al igual que su descendiente Quintus Maximus, las monedas de la colonia romana de Valentia

(Italia), y Thuria-Copia (Italia) que circulan entre el 192 y el 89 a.c, y algunas incluso antes.

En mi opinión, sabiendo que los Quinta Fabia copian las monedas italianas acabadas de nombrar, no sería extraño que Valentia (Hispania), hiciera lo mismo, o que los Quinta Fabia copiaran las de Valentia (Hispania). Sea como sea, las madres inspiradoras son dos ciudades concretas italianas, con las que Valentia y los Fabia tienen relación.

Respecto a las imágenes representadas en las monedas Maria José Pena hace referencia a Festo, pag-245: "*Pullus Iovis dicebatur Q. Fabius, cui Eburno cognomen erat propter candorem. Quod eius natis fulmine icta erat*", esto es: "Se decía que Q. Fabio, quien llevaba el sobrenombre de Eburneo (marfileño) a causa de su palidez, era un niño de Jupiter porque su nalga había sido golpeada por el rayo". Pena afirma: "este detalle personal y no otros datos externos explicarían la presencia en su denario de haz de rayos".

Este comentario de Festo, no creo que gustara a Q. Fabio, ya que esta referencia de Festo puesta en boca del vulgo de Roma no sonara muy bien, ya que haría referencia a la blancura de su piel relacionada con un rayo que impacta en sus posaderas .

Según esta visión, la elección del Q. Fabius Eburnus del haz de rayos, sería por esa razón, pero ¿y la elección de la cornucopia?, ¿Cómo se explica la cornucopia? ¿y por qué eligió imitar la moneda de Valentia (Italia)?, y ¿por qué en el otro denario , más moderno, el de Q.Fabius se repite en el anverso el mismo motivo?, ¿pasó esta anécdota del rayo a los descendientes de Q. Fabius?, creo que no.

Pero continuemos con el argumento, ¿Por qué en el otro denario más moderno, elige Q. Fabius en el anverso la imagen de Apolo con lira?

¿No es algo más que casualidad que el haz de rayos, la cornucopia, el Apolo y la lira, sean, todos, repito, todos, motivos que aparecen en monedas, que aún circulan (cuando se acuñan estos denarios de plata) en una ciudad en concreto, Valentia (Italia) ; o, excepción hecha del Apolo y la lira (ya empleados anteriormente), en Copia (Thuriam); o la cornucopia, rayos y corona en Valentia (Hispania) que incluso tiene el mismo anverso con la cabeza de Roma galeada?

Voy intentar reconstruir el por qué de tantas similitudes, (que creo fueron intencionadas ya en la época y que aún hoy no nos dejan indiferentes) y unir los motivos iconográficos escogidos por la familia Fabia Máxima:

A) LAS CORONAS:

A-1) Fijemos primero en las coronas de los reversos. Las de los denarios de los Fabia maxima son hojas gruesas, y acaban en espigas de trigo. Debe referirse a la "corona sacerdotalis", en tiempos más arcaicos llamada "corona spicea", cuando estaba hecha de espigas de trigo. Albius Tibullus 50-19 a.c., ofrece en su obra una visión de la vida rural y la vida religiosa relacionada con la agricultura, etc. En una de sus referencias habla de las oraciones que se hacía a Ceres, el 14 de las kalendas de mayo.

"XIV Kal Mai N: Ludi Cereri, Ceres de cabello dorado, bendice nuestra granja; y una corona de trigo colgaré delante de tu altar" (Tibillus I.1.15-16).

Aparte de esta corona a nivel privado, existía el rito más institucional. Ceres, la diosa romana de la agricultura, (que vemos también representada en el Ara Pacis), ya desde el siglo V a.c., en adelante, va asumiendo la mitología y atributos de su equivalente griega Demeter, adoptando la *corona spicea*, que a veces aparece hecha de espigas y tallos de trigo, interrumpida con capullos de amapola.

La corona sacerdotalis, así llamada por Ammianus Marcellinus (xxix.5.§6), era portada por los sacerdotes, con la excepción del Pontifex Maximus y sus ministros "Camilla", cuando se oficiaba un sacrificio. Algunas veces eran de olivo, algunas de oro, y algunas veces de espigas de trigo, siendo esta, según Plinio, la forma más antigua entre los romanos:

"*Arvorum sacerdotes Romulus in primis instituit seque duodecimum fratrem appellavit inter illos Acca Larentia nutrice sua genitos, spicea corona, quae vitta alba colligaretur, sacerdotio ei pro religiosissimo insigni data; quae prima apud Romanos fuit corona...*"(Plan.H.N.xviii.2),

Estando consagrada a Ceres. Como dice Horacio en sus poemas:

Q. HORATII FLACCI CARMEN SAECVLARE

fertilis frugum pecorisque Tellus
spicea donet Cererem corona; 30
nutriant fetus et aquae salubres
et Iovis aurae.

Traducción:
"Puede mi madre Tierra, fértil en frutos y ganado, coronar Ceres con trigo, y nutrir la fertilidad de la tierra, aguas llenas de salud, y brisas suaves".

También era considerada como un emblema de paz en otro poema de Albius Tibullus:

"*At nobis, Pax alma, veni spicamque teneto,*
Perfluat et pomis candidus ante sinus. (Tibull. i.10.67),

Traducción:
"Pero, Tu, o Paz divina, vienes a nosotros, sostienes en la mano una espiga y tienes el vestido cubierto de frutos".

Con este carácter pacifico, podemos ver un tipo de moneda que celebra la conclusión de la guerra civil entre Antonio y Albinus Brutus.

FIG-52. Denario de Aulus Postumius Albinus. Año 48 a.c.
Anverso: Cabeza desnuda de cónsul Aulas Postumius a derecha. Leyenda: A. POST[VMIVS COS].
Reverso: Corona de espigas de trigo (Corona obsidialis) con leyenda en dos líneas en el interior: ALBINV./ BRVTI. F. Bibliografía especializada: B.14 (Postumia) - BMC/RR.3968 pl. 49/20 - CRR.943 a (2) - RRC.450 /3 - RSC.14

La aparición de esta corona con espigas de trigo, en los denarios, puede tener como hemos visto, diferentes significados, uno el dedicado a Ceres, pero, y además, de manera importante, este carácter religioso y pacífico, puede estar recordando el fin de la guerra en Italia (que al fin y al cabo, había sido una guerra civil) ahora que la Península Itálica estaba ya en manos de los romanos, y especialmente, gracias a Quintus Fabius Maximus Cunctator, cuyo papel veremos más adelante, y que esta relacionado con los personajes y los denarios.

A-2) La corona de Valentia (Hispania) es de hojas finas y rectas como de espina de pescado. Este tipo de hojas asemejan hebras de hierba inclinadas.

La guirnalda de hierba lo fue de esta humilde hierba, porque el campo de batalla perteneció al dios del campo, Marte, y ninguna otra planta simboliza el campo como la hierba. Por lo tanto la planta más baja significó el honor más alto.

Puede ser que la corona de hierba originariamente fuera un signo de capitulación, del latín "*herbam dare*", para significar la rendición, puede ayudar a este significado. De este modo la hierba tendría el significado de la rendición del campo anteriormente ocupado por el enemigo.

Esto se relaciona con la imagen romana de Marte, que era el dios de la guerra y el dios de los campos y por tanto el dios de los que cultivaban y defendían los campos. Había por consiguiente dos hermandades de sacerdotes de Marte: 1) el de los hermanos del campo arable (Fratres Arvales) responsable de la fecundidad de las frutas de la tierra; y el de los "compañeros saltadores" (Sodales Salii), conocidos para sus danzas de la guerra y jaleo que montaban. El ejército romano era un ejército de granjeros y tenía su origen en la defensa de la tierra. El campo romano típico es un campo de cultivo, tierras de labranza, así que la hierba de Marte tiene que ser buscada no en el campo, sino en las afueras, y la hierba que existe fuera de los lugares de labranza es una hierba rastrera, acostada, inclinada. No es fácil para ser utilizada para una guirnalda, pero puede ser usada, sino, que se lo pregunten a los labradores. Una de sus estatuas de César tiene una corona de gramínea obsidiallis, ya que según Dio Cassius él recibió esta corona como libertador de la ciudad, del asedio" (*Dio Cass. HR 44.4.5: ton de ôs tên polin ek poliorkias exêirêmenou*).

Para representarla, es difícil, ya que se asemejan a los clavos de Cristo, por su forma.

Aulus Gellius, en sus Noctes Atticae, habla de los tipos de coronas, y cuando habla de la corona gramínea obsidialis dice:

"*VIII. "Obsidionalis" est, quam ii, qui liberati obsidione sunt, dant ei duci, qui liberavit.*
IX.   Ea corona graminea est, observarique solitum, ut fieret e gramine, quod in eo loco gnatum esset, intra quem clausi erant, qui obsidebantur.
X.   Hanc coronam gramineam senatus populusque Romanus Q. Fabio Maximo dedit bello Poenorum secundo, quod urbem Romam obsidione hostium liberasset".
(Auli Gellii Noctes Atticae, Liber v, vi)

Es decir, Quintus Maximus Fabius Cunctator la recibió.

Como dice Teodor Momsem (Livre III,Depuis la réunion de l'Italie jusqu'à la soumission de Carthage et de la Grèce, Chapitre V — Les guerres d'Hannibal jusqu'à la bataille de Cannes):

"*Cuando el ejército cartaginés vuelve a África, el senado y los ciudadanos entregaron la corona de hierba (corona gramínea) al último gran general que había honorablemente lapaz a esta guerra en Italia, Quintus Fabius, entonces casi nonagenario, el más grande de los honores al que podía aspirar un ciudadano romano. Ese mismo año murió".*

También hace referencia a Quintus Fabius, el mismo nombre que los denarios que acabamos de ver, pero, como ya he anunciado después veremos el papel de este personaje en todo esto. En mi opinión, tanto las coronas de los denarios acabados de ver (de ambos Quintus Fabius), como las monedas de Valentia, que tanto se asemejan, pueden estar relacionadas con otro Q. Fabius, homenajeando de otra forma.

Mientras que las anteriores eran coronas del tipo sacerdotalis-gramínea, las de Valentia, pueden estar indicando la gramínea-obsidionalis.

Para ayudar en esta idea, podemos comparar con otra ciudad hispánica romana que acuña moneda provincial y donde aparece una corona:

FIG-53. Segobriga. Gaius Caligula. 37-41 d.c Æ 28mm (11.81 gm). Cabeza laureada //Caligula a izquierda /SEGO/BRIGA en corona civica de roble. RPC 476; Burgos 1724.

Segóbriga, en Cabeza de Griego - Saelices (Cuenca), pasó de los motivos ibéricos de sus monedas, a motivos directamente romanos **(FIG-53)**. Como vemos en este ejemplo, es época posterior a las vistas estando acuñada entre los años 37-41 d.c. Para un soldado común (de bajo rango), la corona más importante que podía aspirar, era de hojas de roble en recompensa por haber salvado la vida de un ciudadano romano en batalla, echar al enemigo y mantener el campo de batalla en el que suceden los hechos, aunque todas estas circunstancias eran raras de demostrar. En el caso que nos ocupa, en Segóbriga, era un atributo que eligió el emperador como propaganda como protector del pueblo, y en una época y circunstancias que poco tienen que ver con las de Valentia analizadas.

Por tanto, la corona gramínea representada con espigas de trigo, o representada con hebras delgadas y hierba, tienen como objetivo, el mismo significado. Las monedas de Valentia (Hispania), se intercambiaran con las espigas de trigo, o las de los Quinta Maxima con las hebras de hierba, la significación sería la misma, y viceversa.

B) EL APOLO Y LA LIRA

La elección en concreto en las monedas de Valentia (Italia) de la que toman la iconografía (ya que cuando las imita Q. Fabius, hace 100 años que funciona, es coherente con otro hecho importantísimo llevado a cabo por otro Quintus Fabius, este es Quintus Fabius Maximus Pictor , nieto de Quintus Fabius Maximus Cunctator.

Las sibilas, eran las sacerdotisas de Apolo. El colegio sacerdotal de los libros de las sibilas, eran llamado *Antistites Apollinaris Sacri* y su sacerdote portaba los símbolos del trípode y delfín. (Liv. X.10.2)

Cuentas los historiadores clásicos que el Dios Apolo como Dios de la profecía, no fue consultado con seriedad y gravedad hasta la Segunda Guerra Púnica. La guerra estaba en su tercer año y no iba bien para los romanos. Aníbal había cruzado las montañas y había derrotado a un poderoso ejército romano en Cannae. Los romanos estaban desesperados y las sibilas les habían fallado. Se decidió que Apolo debía consultarse en su propio hogar en Delphos.

El emisario fue Quintus Fabius Pictor.

Él, volvió con instrucciones de los nombres de los dioses a quienes las plegarias debían ser ofrecidas, y según qué ritos.

El oráculo continuaba, "si lo hacéis así, romanos, vuestra situación será mejor y más fácil, y todo irá más de acuerdo con vuestro deseo, y la gente romana tendrá la victoria en la guerra. Cuando administréis la victoria y el éxito, haréis un regalo al Apolo Pithio, y le honraréis con botín, beneficios y despojos de la victoria."

Finalmente, Apolo amonestó a los romanos, "guardaos del entusiasmo desordenado", textualmente *"lasciviam a vobis prohibete"*. Fowler lo traduce como "estad tranquilos, y no caigáis en el pánico religioso". Dumézil lo traduce como "debéis cuidaros de la hybris" (hybris era la personificación de la insolencia, la arrogancia o la soberbia) y Sélincourt como "No os dejéis llevar por la victoria".

No hay que olvidar que esta embajada fue llevada a Delfos poco después de la traumática derrota de Cumae, y era el momento más delicado para Roma.

Esto fue, reforzado con los Ludi Apollinares, instituidos en Roma durante la Segunda Guerra de Púnica, cuatro años después de la batalla de Cannae, bajo la autoridad de un oráculo contenido en los libros del adivino antiguo Marcius (carmina Marciana, Liv. xxv. 12). Livio y Macrobius dicen que los juegos de Apollinares fueron instituidos en parte para obtener la ayuda de Apolo para expulsar a los cartagineses de Anibal, de Italia, y preservar en parte, con el favor del dios, la República romana de todos los peligros.

El oráculo sugirió que los juegos se debían llevar a cabo cada año bajo la supervisión del praetor urbanus, y que diez hombres realizaran los sacrificios siguiendo los ritos griegos: Un toro con cuernos dorados y dos cabras blancas y a Latona, una ternera con cuernos dorados. Los juegos se realizaban en el Circus Maximus, y los espectadores iban adornados con guirnaldas, y cada ciudadano daba una contribución para sufragar los gastos. El Senado romano, cumpliendo cumpliendo con el aviso del oráculo, hizo dos Senatus-consulto, en ellos, al final de los juegos, el praetor, debía recivir 12000 ases para sufragar los gastos de las solemnidades, y en otro los 10 hombres debían hacer sacrificios. En esta primera celebración de los ludi Apollinares fueron simplemente votivos. El año después (211 a.c.) el senado, en nombre del praetor Calpurnius, decretó que debían repetirse cada año. (Liv. xxvi. 23.)

Por tanto, tenemos a dos miembros de la gens fabia salvando a Roma en 2 ocasiones:
A) Quintus Maximus Fabius Cunctator, por una parte fue el encargado de salvar a Roma de la situación contra Aníbal después de la grave batalla del lago Trasimene (217 a.c.).

B) Su nieto, Quintus Fabius Pictor, un año después, acabado de ocurrir otro desastre militar, el de Cannae, es el encargado de ir al santuario de Apolo en Delphos, para traer consigo el ánimo de la Victoria, a Roma y la ayuda "de Apolo y los dioses". Algo que marcó la Historia de Roma también.

En ambos casos, los Fabia Maxima, son los que están en el momento clave en la política Romana, de la Segunda Guerra Púnica.

Esta relación íntima de Quintus Fabius Maximus, en la guerra y su final en Italia, hace que de forma directa e indirecta, se relacione con Thuriam, conquistada bajo su supervisión y Vibo (Valentia), caida como una ficha de dominó en la obsesión de Quintus de expulsarlo de tierra italiana.

Respecto a la relación entre Quintus Fabius Maximus Cunctator y la Valentia de Hispania, no hay que olvidar en ningún momento el *casus beli*, la causa de la Segunda Guerra Púnica, Saguntum. De esta forma, Saguntum, no puede separarse de la Segunda Guerra Púnica, porque fue su detonante. Tampoco puede separarase Saguntum de Quintus Maximus Fabius Cunctator, ya que fue su abogado defensor, en un principio delante del mismo senado de Cartago.
Cunctator tuvo una relación íntima con Saguntum, ya que debió reunirse muchas veces con los exiliados de Saguntum, con el gobierno en el exilio, en Roma. Y además, recuperada ya Saguntum, sus representantes agradecen a Roma su ayuda en el Senado, Cunctator está allí, como demuestra que después de las alabanzas saguntinos, interviene Cunctator.

Saguntum está a 25 km de Valentia, y colocar una ciudad romana a esa distancia, tendría un alta cantidad de simbología.

Valentia (Hispania) y Saguntum, la ciudad fiel, estan unidas, a los ojos de los romanos del Imperio:

A) Plinio, III, 3,20: "*Valentia colonia III p.a mari remota, flumen Turium et tantundem a mari Saguntum ciuium Romanorum oppidum, FIDE nobile*" esto es, "la colonia Valentia a tres millas del mar, el rio Turia y a otro tanto del mar , Saguntum, habitado por ciudadanos romanos, famoso por su fidelidad...".

B) Pomponio Mela, II 6, 92: "*Urbes complexus et alias quidem, sed notissimas Valentiam et Saguntum, illam, fide atque aerumnis incluta*» « contiene ciertamente otras ciudades, pero las más conocidas son Valencia y aquella Sagunto, célebre por su fidelidad y sus desgracias".

Crear una nueva ciudad romana tan cerca es como cerrar un círculo. Me explico. Si la Segunda Guerra Púnica empieza en Saguntum, Hispania y desde ahí llega a Italia, Quintus Fabius Maximus Cunctator, la acaba en Italia. Fundar Valentia (Hispania), con la gente de la última parte de Italia conquistada a Aníbal, con los amigos de Roma de Thuriam y los desheredados y vencidos de Vibo (Valentia), junto a Saguntum es cerrar un círculo. Por una parte es cicatrizar una herida y poner un asentamiento romano al lado de Saguntum es homenajear a Quintus Maximus. De ahí que las monedas de la gens Fabia, con la cornucopia, los rayos y la corona de hojas de hierba que rodea la moneda en Valentia, son como un escudo de armas, al igual que lo fueron para las monedas de otros Quintus Fabius Eburnus, ya en la segunda mitad del siglo II a.c.

Y ya puestos en simbología monetaria de Saguntum y Valentia hay algo que llama la atención y que voy a emplear "**poéticamente**". El toro Aqueloo (río), aparece en monedas de Sagunt, y la cornucopia que es el cuerno de Aqueloo arrancado por Hércules (fundador mítico de Saguntum), aparece en la moneda de Valentia; de este modo Valentia como cornucopia sería como parte de Saguntum, Valentia como cuerno del toro Aqueoloo-Saguntum.

22-¿LAS MISMAS FAMILIAS DE QUESTORES ACUÑANDO MONEDA EN VALENTIA (HISPANIA) Y THURIAM (ITALIA)?

Pero para que no se me acuse de "poético" si eso es una acusación, iré a algo más prosaico y que puede ser algo único en su caso, la posible aparición de los nombres de los questores de Thuriam (Italia), como questores en Valentia (Hispania), habñando así de un traslado de élite patricia o parte de ella de esta ciudad italiana con los que tantos vínculos ya hemos establecido a la ciudad de Valentia después de la segunda Guerra Púnica.

Vimos que había 3 emisiones de monedas de bronce, las únicas que se realizaron en la ciudad de Valencia (Hispania), durante la época romana. Cada una de ellas se acuña con el nombre de dos magistrados, los *Questores,* que aparecen en las monedas con la letra **Q**, ocupándose de las labores financieras y fiscales de la ciudad, controlando que las acuñaciones fueran tal y como había decidido el senado ciudadano.

Recordemos sus nombres de nuevo:

1ª EMISIÓN= **C. LUCIE**(NVS) – **C. MUNI**(VS). **Q (**VESTORES)

2ª EMISIÓN= **T. AHI**(VS) –**L.TRINI**(VS). **Q** (VESTORES)

3ªEMISIÓN= **L .CORANI**(VS)-**C.NUMI**(VS) . **Q**(VESTORES)

Aquí tenemos 6 personas, las únicas que ejercieron ese cargo y que lo plasmaron en las monedas.

Vayamos a Turia-Copia (Italia), y veamos los únicos nombres, que aparecen en las monedas, concretamente los que hacen referencia a nombres de persona y que son, además, questores:

1-**C.L .Q** (VESTORES)

2-**L .C.Q** (VESTORES)

Garrucci, dice al respecto: "**C.L .Q** e **L .C.Q** *due coppie di questori, indicati soltando con il nome di famiglia*", esto es, "**C.L .Q** y **L .C.Q** son dos parejas de cuestores, indicados solamente con el nombre de familia".

Teresa Caruso, la que ha realizado el estudio más profundo de Copia-Turia, se limita a citar la opinión de Garrucci, sin entrar en quienes eran estos questores, y entiendo perfectamente las limitaciones de unas siglas en las monedas de Copia. Pero creo que puedo aportar una relación inédita, y creo incluso a nivel europeo. Veamos.

Tomemos las siglas y cargo de dos de los seis cuestores de Valentia (Hispania):

1ª EMISIÓN= **C.**(..). **L** . (…). **Q** (…) referente a (**C. LUCIE**(NVS) – **C. MUNI**(VS). **Q (**VESTOR))

3ªEMISIÓN= **L** .(…). **C.** (…). **Q**(…) referente a (**L .CORANI**(VS)-**C.NUMI**(VS) . **Q**(VESTORES)

Tomemos las siglas de los únicos questores conocidos de Turia-Copia (Italia)

1-**C.**(…). **L**(…) .**Q** (…)

2-**L** .(…) **C.**(…) .**Q** (…)

Coinciden perfectamente. La continuación de las siglas que en Copia-Turia, no se han podido desarrollar, pueden coincidir con las de Valencia. Son de época republicana ambas y la explicación que hemos dado a lo largo de este estudio de la íntima relación entre Turia-Copia y Valencia, que incluso dan nombre al rio que acompaña a nuestra ciudad "Valencia del Turia", me hacen concluir que tenemos a miembros de la fiel ciudad de Turia-Copia, respecto a Roma, disfrutando de gran poder en la nueva ciudad de Valentia (Hispania).

23-Necrópolis de vencedores, vencidos y emigrantes: VIboValentia (Italia)//Valentia (Hispania).

La *necrópolis*, la ciudad de los muertos, es el lugar donde se refleja la sociedad de los vivos, la *polis*. En ellas se puede observar la desigualdad, el poder económico y político del finado, al compararlo con el resto, su cultura, su edad, sexo, razón de la muerte. etc.

Lamentablemente las excavaciones en Copia- Turia, no se encuentran tan avanzadas ni detalladas como en otras localidades de la Lucania y el Bruttium, pero no obstante, Vibo Valentia, debe ser traida a colación en nuestro esquema comparativo, ya que en una de las distintas necrópolis de Vibo Valentia, nos permite explicar desde la conquista Bruttia de la zona, a la conquista romana, y su instalación, es decir, unos momentos claves para entender al antes y después de la Segunda Guerra Púnica, en un territorio tan afectado por estos hechos bélicos como la Lucania y el Bruttium, especialmente, y que después nos servirán para comprender mejor la necrópolis del carrer de Quart de Valencia, que es un reflejo.

Las excavaciones recientes han sacado a la luz la Necrópolis de Piercastello, que, aunque más antigua en sus inicios, abarca la cronología de nuestra necrópolis del carrer de Quart de Valencia.

De la necrópolis italiana nos interesan los precedentes cronológicos del fin del siglo IV, inicios del III a.c., sólo como muestra del empleo de hipogeo, así como la necrópolis posterior del III al I a.c., que sí coincide tanto en período, como en la presencia de *strigilis*, y nos aporta un dato importante de la crisis que padeció esta ciudad italiana, con la conquista romana y la fundación de Valentia (la italiana).

De este cementerio italiano de Piercastello, veamos el período que abarca entre el siglo IV y el II a.c.

PRIMERA FASE. (Fin siglo IV a.c. - Inicios siglo III a.c.)

Parece representar al pueblo Bruttio, que conquistó Hipponion en el 356 a.c. El ejemplo más representativo es el de una cámara funeraria de grandes dimensiones, de planta cuadrada (3'70 m de lado) orientada NO-SE.

La cámara esta construida con gruesos bloques cuadrados de arenisca, de dimensiones diversas y es de señalar que los muros N, E y O, puestos forrando la tierra virgen donde se ha excavado la tumba, y destaca también un **nicho excavado en banco en el terreno virgen de la pared de la tumba,** y como dice la autora M. Proietti, en italiano (pag-30)**: "ottenendo in tal como una camera parcialmente hipogea"**.

En los lados de la puerta, hay dos elementos semicirculares recubiertos de una placa de terracota, formando un **dromos** de acceso. (pag-30)

Las otras tumbas en hipogeo halladas en la zona amplia de Vibo Valentia, son de finales del siglo IV a.c.

En la tumba, destacan dos estatuillas fragmentarias de guerrero, por su indumentaria y cronología, representan a soldados brecios.

Esta tumba, representa a la élite dominante brecia, no a la indígena fundacional griega.

Junto a esta tumba principal, hay otras de incineración y otras en inhumación, de la misma época. (pag-31)

Entre este Primer periodo, y el segundo, hay un vacío de al menos 40 años, ya que por ahora no se han encontrado restos.

Esta sería la tumba de un guerrero vencedor Bruttio en la acabad de someter *Hipponion*, y desde este momento, ya con nombro osco, *Veipunum*, que después se latinizaría en *Vibo*.

SEGUNDA FASE (Fin siglo III a.c.- Siglo I a.c.)

He respetado en este punto el esquema italiano, aunque personalmente diferenciaría lo que es la fosa común de Guerra Púnica, con la toma de Valentia y la post-guerra (inmediata y posterior). Entre el fin del siglo III a.c. y el principio del II a.c., esta tumba-hipogeo, se reutiliza como fosa común para recibir en su interior un mínimo de 50 esqueletos humanos, y 4 de animales (3 de perros y 1 de caballo).

Los cuerpos, están echados en el interior sin ningún orden. Las paredes de la tumba están caídas posteriormente sobre los cadáveres y eso aplasta muchos huesos.

Por otro lado, La mayor parte de las tumbas de son de inhumación y solo 2 incineraciones. Las ofrendas funerarias son muy pobres, de materiales cerámicos de muy mala calidad, y en algunas tumbas nada.

En la tumba 474, en el lado Norte, donde junto al cadáver hay carbones y restos de un animal incinerado, un ternero, sin los cuartos traseros ni delanteros. (pag-33)

Llama la atención la tumba 616, donde hay una inhumación bien conservada, pero hay un cráneo humano sin el resto del cuerpo entre los pies de este cadáveres.

La frecuentación de la necrópolis en este momento, se ha de poner en relación con la fundación de la colonia latina en el 192 a.c. Y ahí entra la explicación de la tumba-hipogeo, reutilizada como fosa común. Esto, según opina la autora, puede deberse a una peste, que obliga a echar animales y hombres en el mismo agujero o por la fundación de Valentia, al final de la segunda Guerra Púnica, cuando Roma, lleva colonos al territorio. Es posible, que esta llegada de colonos no fuera pacífica, y llegara a eliminar físicamente a parte de la población. (LUCIA MANUELA PROIETTI, pag-30-33; 45).

Yo discreparía en la elección del 192 a.c. como año para datar la fosa común, ya que cuando la Colonia de Valentia (Italia) se instala, los hechos bélicos fuertes ya han pasado. Debe datarse la tumba en el 203 a.c., momento en que los romanos deben entrar en la ciudad, ahora que ya no esta Aníbal.

Esta es la tumba de los vencidos, que son echados como perros, y con perros, en una fosa común, que no tiene nada que envidiar a una fosa común de la guerra reciente de los Balcanes, lo que demuestra el desprecio de los vencedores romanos, en todos los sentidos. Este desprecio lo aplicaron a los muertos vencidos, y a los vivos, con medidas que ya hemos visto.

Con el término de las hostilidades, la población vencida ve crecer al lado de su ciudad greco-bruttia, una colonia romana, Valentia.

Pero volvamos a la necrópolis. Hemos visto un hipogeo, como los que podemos encontrar en la Magna Grecia, aunque este, debido a la gran importancia del jefe militar bruttio, se le colocaban bloques de piedra tallada en las paredes. Es conocido que los Bruttii, habitualmente, aprovechaban material pétreo de construcción de edificios más antiguos para reaprovecharlo en sus tumbas.

De esta tumba Bruttia, destaca también el que se excave en una de las paredes de la cámara, (que en conjunto ya ella misma funciona como un gran hipogeo) en la tierra virgen, el nicho, (a modo de semi-hipogeo) donde se deposita el cadáver, como si hubiera una necesidad de que estuviera tocando la tierra el cadáver.

Pero, este tipo de hipogeo monumental, es una excepción por su monumentalidad en la necrópolis. No obstante, aquí en Valencia, encontramos la versión del hipogeo con el nicho excavado lateralmente, y marcando jerarquía respecto al resto.

Pero volvamos a buscar más paralelos entre Valentia (Hispania) y Valentia (Italia).

No es nada, repito, nada habitual, en la Península Ibérica, encontrar strigilis de hierro en hipogeo en presencia romana, tan antigua. Tenemos strigilis que han aparecido en Valentia (la de Hispania) y por la cronología, como ahora veremos, entre en la primera mitad del siglo II a.c., momento en que creo debemos colocar a los primeros colonos con intención de quedarse en Valentia (Hispania).

El empleo de Strigilis en la Península Italiana y en Sicilia, siempre, se relaciona con ambiente, de presencia o influencia griega.

Podemos ver un claro ejemplo, en el Museo de Salerno, donde se pueden ver los restos de la necrópolis arcaico-clásica, y posteriormente romana, excavada en 1938, en Roscigno, Monte Pruno, donde destaca una tumba de 5 x 3'30 m, con acceso en dromos.

Este *dromos*, da acceso a esta tumba principesca, en cuyo interior destacan 3 strigilis de bronce, que demuestran une elemento de filiación griega, así como una corona de plata con hojas de laurel, que demuestra su aceptación del modelo griego del simposio, sin contar con las cerámicas griegas relacionadas con el vino y su degustación: crateras, *skyphoi*, *kantharoi*, también de metales preciosos, *oinochoai*, *kylikes*, *olpai*, etc. La presencia de un carro y una lanza, demuestran su posición militar.

Otro ejemplo antiguo, lo observamos en la "Colle dei Greci", en la zona de la Basilicata, inmersa, en el siglo V a.c., con sus tumbas con strigilis y contenedores de ungüentarios.

En Bari un strigilis de bronce, en la necrópolis griega de Gibil-Gabib (centro de Sicilia, un strigilis de Motya (costa Oeste de Sicila).

Otros ejemplos, nos llevarían a un strigilis de Metaponto, en la localidad de Mollano, una pequeña tumba de cámara; strigilis en la necrópolis del cementerio de Offida, Ascoli, Piceno; en Pizzica, Pantello, Lama San Nicola di Bernalda. En Palermo, Terrasini (Sicilia), un strigilis; en Marsala, al Oseste de Sicilia, un strigilis; en la Provincia de l'Aquila, Region del Abruzzo, un strigilis de vidrio; en Atella, en la provincia de Napoles y Caserta, un strigilis de hierro y dos espejos de plata.

Y en la necrópolis del carrer de Quart de Valencia se encuentra un strigilis de hierro en 4 tumbas, 451, 457,461, 474 perteneciendo todas a la Segunda Fase (Fin siglo III a.c.- Siglo I a.c.). Gracias a las ofrendas funerarias existentes en estas tumbas, se ha podido concretar más: entre la Segunda mitad siglo III y la segunda mitad siglo II a.c. (esta última cronología, a partir de la tumba Nº-451, y que es una incineración, al contrario que las otras, que son inhumaciones en tierra).

Otro ejemplo cercano que ronda esta cronología, los vemos en el strigilis en bronce y hierro, del III a.c., en la "Colle dei Greci", en Latronico, zona de la Basilicata.

La necrópolis de Quart, ofrecería la visión de los emigrados que se salvaron de la guerra Púnica en el Bruttium y Lucania, y que fueron esquilmadas sus tierras y propiedades y tratados como inferiores. Las Colonias de Copia, y mayormente de Valentia, debieron ser la gente que primero emigró hacia Hispania, en concreto a Valentia, con autorización de Roma.

24- THURIUM Y SU FUENTE THOURIA (ITALIA) //VALENTIA Y SU TURIA (HISPANIA).

Virgilio en particular, en la Eneida, VIII, 31-34, describe al Dios-río Tíber, como un viejo canoso, pelo largo, cubierto de vegetación y con cuernos, un atributo que recorre frecuentemente en el imaginario de las divinidades fluviales en Grecia y *Megale Hellas* (la Magna Grecia), como el dios-río Aqueloo.

Una magnífica escultura romana que lo representa muestra la cabeza del dios, decorada con una corona de hojas acuáticas, y varios atributos como la cornucopia y el remo, que aluden a la prosperidad del río y su navegabilidad **(FIG-54)**.

FIG-54.Representación del río Tiber. Época imperial.

En un artículo de Marcella Barra Bagnasco sobre el culto de las aguas en la Magna Grecia, habla de cómo el agua tenía un papel importante no sólo en los aspectos prácticos de la vida, sino también en las prácticas religiosas. Esto se puede observar en las monedas y en las terracotas.

Casi todas las ciudades de la Magna Grecia, crearon ejemplares relacionados con el agua, destacando las monedas de Thurium, con la cabeza de joven con el cuerno sobre la frente, identificable con el río Gratis.

En mi opinión debe identificarse con el mito fundacional de la nueva ciudad de Thurium, después de la destrucción de su antecesora Sibaris.

Efectivamente, el Santuario de Delfos contribuye a la empresa de construir la nueva ciudad, indicando el lugar de la colonia: *"donde los hombres beban agua con mesura y comiendo pan sin mesura"*. Tal lugar es individualizado cerca de la fuente denominada THURIA, cuya agua será canalizada en un conducto de bronce llamado por los habitantes del lugar: *"médimno"*, nombre correspondiente al de una mesura de cereales. El Turia, la fuente de agua, del oráculo, se ha podido localizar, al igual que un cenote blanco, religioso con sugerencia de agua, en el sur-oeste de las actuales excavaciones, denominada "Fonte del Fico", donde se puede intuir un acueducto.

Los Sibaritas, que fundan esta nueva colonia, de este modo, en su honor, llaman a la nueva colonia-ciudad, Thurium, tal como confirma la misma autora, refiriéndose a otras ciudades que emplean una fuente o un río para fundarse

La tradición de fundaciones junto a una fuente, y de poner el nombre de la fuente, también puede añadirse el caso de Locri (la fundadora de Hipponion, la posterior Vibo, y la posterior Vibo Valentia), cuyo nombre vendría de una fuente llamada Lokria, según Estrabón (VI, 1, 7).

Croton, acuña con la cabeza del río Esaro, o las emisiones del toro androprosopo, refiriéndose al río que lleva su mismo nombre.

Pero Locro también ofrece más testimonios de aras decoradas con la figura de Hércules en lucha con el toro androprosopos, donde se reconoce la personificación del río Aqueloo, hijo, como todas las aguas, de Océano.

Además en Locro, el Santuario de la Grotta Caruso, proviene una serie de tablillas cerámicas, entre las que se diferencia el toro androprosopo, con mucha barba y otras sin barba, donde se identifica la divinidad fluvial, y en alguna el héroe de Locro Eutimo, transformado en toro.

La aparición en esta gruta se relacionaría con la vegetación salvaje y la fecundidad.

Sobre el paludismo en la Magna Grecia y Sicilia, es algo a tener en cuenta en las cercanías a lugares con agua. En la Región italiana que estudiamos, tenemos el caso de Sibaris (Thurium), o en el Metaponto, donde las excavaciones arqueológicas documentan elevaciones artificiales del nivel habitado a causa del afloramiento del nivel acuífero.

En las "Tabelle locresi" de Locri, (archivo del Olympieion), se refleja que el valor de la tierra se incrementaba cuando estaba atravesada por ríos. También hay que hacer notar la presencia de contenedores para el agua, que aparecen en santuarios de Demeter en Corinto, o el de Locri Epizefiri donde abundan este tipo de contenedores cerámicos *(M. BARRA BAGNASCO, Lo scavo, in AA.VV., Locri Epizefiri II Gli isolati I 2 e I 3 dell'area di Centocamere, (a cura di M. Barra Bagnasco), Firenze 1989.*

O en el santuario de Demeter de Policoro, datable en el siglo IV a.c., donde se confirma la importancia de Demeter en el ritual del agua. Por tanto, es normal la unión de un área sacra, con una fuente de agua.

En la Magna Grecia, el más celebre lugar oracular era el de Cumae, donde vivía la famosa Sibila, sacerdotisa de Apolo, relacionada con el agua, hija de una ninfa que profetizaba en el interior de una gruta, de la que habla Virgilio (Eneida VI, vv. 42 ss.). Los recientes estudios la sitúan en la considerada "Cisterna Greca", cerca del santuario de Apolo *(83 F. CECI, Cuma, in Enciclopedia dell'Arte Antica, II Suppl., Roma 1994, p. 338).83. IL CULTO DELLE ACQUE IN MAGNA GRECIA DALL'ETÀ ARCAICA ALLA ROMANIZZAZIONE: DOCUMENTI ARCHEOLOGICI E FONTI LETTERARIE.*

Pomponio Mela, Salustio y el naturalista Plinio utilizan la forma TURIUM. Sobre su etimología se ha especulado mucho.

Dividiré las dos formas en las que aparece en los clásicos.

1) **TYRIUS**:

a) "*Neque longe ab huius fluminis divortio praestringit amnis Tyrius oppidum Tyrin.* »

"No lejos de la bifurcación de este río baña la ciudad de Tiris el rio Tirio" (Avieno, Ora Marítima, 481-482.)

2) **TURIAM**, en neutro: TURIA

a) "*Iter Laeva menium et dexterum flumen Turiam, quod Valentiam parvo intervallo proeterfluit*"

"Entre las murallas a la izquierda y a la derecha del río Turia, que pasa a poca distancia de Valencia" (Salustio, II, 54)

b) "*Castra hostium apud Sucronem capta et proelium apud flumen Turiam et dux hostium C. Herennius cum urbe Valentia et exercitu deleti satis clara vobis sunt*" (Salustio, II, 98,6)

"Bastante conocidos son la toma del campamento enemigo en Sucro y la batalla del río Turia y la destrucción y muerte de Cayo Herennio con su ejército y la ciudad de Valencia" (Salustio, II, 98, 6)

c) " *Sorobin et Turiam et Sucronem...* "

"El Sorobi, el Turia y el Sucro…" (P.Mela. Chorographia, II. 92-93)

3) **TURIUM**:

"*Valentia colonia III p.a mari remota, flumen Turium,…*"

"Valencia, colonia romana situada a 3000 pasos del mar; el río Turia" (C. Plinio. Naturales Historia, III, 3)

Con el nombre de Tyrius, sólo aparece una vez, y el empleo de este apelativo, lo podemos comparar con otro texto sobre Cartagena:

"Urbs colitur, Teucro quondam fundata vetusto. Nomine Cartago, Tyrius tenet incola muros..." (Silio Itálico, XV, 192-193) "Se habita la ciudad, fundada hace ya tiempo por Teucro el viejo, de nombre Cartagena, el habitante Tirio ocupa los muros".

Es decir, tanto el *"fluminis divortio praestringit amnis **Tyrius**"* de Avieno, como el *"**Tyrius** tenet incola"* de Plinio, deben referirse al mundo cartaginés-fenicio, llamado "tirio" = "Tyrius".

En la misma frase de Avieno, se habla del *"oppidum Tyrin"*. Eso llevó a muchos investigadores a hablar de una ciudad ibérica anterior a la romana en Valentia, llamada Tiris. Lo que interesa en este momento, es el que esta denominación puede estar indicando un nombre feno-cartaginés para el río que después será llamado Turia, por parte de Avieno, el cual vivió en el siglo IV d.c., pero recoge un periplo marítimo griego del siglo VI a.c., de ahí que los griegos pudieran designarlo como "tirio" (lo que entenderíamos nosotros como fenicio-cartaginés). No obstante, ese lapso de tiempo tan grande entre el documento original y el tardo-romano, debe hacernos ser precavidos.

La mayor parte de los otros textos, se refieren al río "Turiam", aunque en neutro es Turia.

La otra forma en que aparece es Turium, que es igual que la ciudad de Thurium o Turium, que ahora estudiaremos.

Algunos han supuesto que Turia podría estar relacionado con el vasco "iturri" ("fuente"). Otras hipótesis lo relacionan con el nombre del río Duero, con el del río Thuir o con una raíz iliria TUR- que estaría también presente en el nombre de la ciudad de TURICUM, actual Zürich.

En mi opinión, el nombre de Turia, el de Valencia, viene de la fuente llamada "Turia", junto a la ciudad de "Thurium" o "Thuriam" del Sur de Italia; al igual que el nombre de Valentia, viene de la Valentia del Sur de Italia.

Como ya hemos dicho, la fundación pan-helénica, de la colonia de *Thurium*, toma el nombre de la cercana, *Thuria fons*. Alessio De Giovanni da el origen del nombre Thuria, de la raiz "tur-" (manantial). Pero este hidrónimo se dice que tiene un probable origen griego, de *thouros* 'turbulento, vehemente", teniendo el mismo origen que el nombre de la ciudad de Turiostum. Tour-, de la raíz indoeuropea "teu-" (fuerte"), de la que deriva el nombre toro, en latín taurus, en griego tauros.

Es interesante, cómo los romanos, le dan el nombre de la ciudad de Thuriam, el nombre de Copia (abundancia, en latín), que está relacionado sin duda con el cuerno de la abundancia: *"cornu-copia"*, que aparece en las monedas de esta ciudad, por lo menos desde el siglo IV a.c.

Y como, poco tiempo después, vuelve a recuperar su antiguo nombre "Thuriam", abandonando el de Copia.

25-Veterani et Veteres

Todos los datos que hemos aportado por primera vez, creemos que están hablando, junto con la necrópolis, de que los primeros valencianos, venían de Valencia, pero de la Valencia más antigua, la antigua Hipponion, y más tarde Vibo Valentia.

La epigrafía de Valentia, muestra la existencia en la misma ciudad de dos órdenes diferentes, los *valentini veterani* y los *valentini veteres*.

FIG-55. Estela dañada en época cristiana, existente en la fachada principal de la actual Seu o Catedral de Valencia, con las palabras "*Valeniíni Veterani et veteres*" conservadas.

Todos los investigadores están de acuerdo en dos asentamientos distintos y momentos históricos diversos. Siguiendo a Maria José Pena, que es quien más ha estudiado esta problemática, hay una multitud de interpretaciones:

A) García y Bellido, Ventura y Fletcher, creían que los *veteres* deben ser los romano-itálicos establecidos por Junio Bruto en el año 138 a.c., y los *veterani*, los veteranos de las guerras sertorianas.

B) Gabba y Esteve Forriol, creen que los *veteres* son los lusitanos establecidos por Bruto y los *veterani* un establecimento de veteranos de Pompeyo.

C) Galsterer apoya la idea de una fundación para los lusitanos y un asentamiento de veteranos en época tardía, durante el siglo II o siglo III.

D) Pereira Menaut, opina que los *veteres* son los itálicos establecidos por Bruto y los *veterani*, serían establecidos en el siglo I d.c., por la debilidad causada en la ciudad por una riada. Esta idea la construye a partir de una inscripción con la palabra "CLADEM", que hablaría de un desastre.

Descartada la venida tanto de lusitanos, como de veteranos de Lusitania y de Junio Bruto, debemos intentar recomponer , delante de esta nueva teoria que aporto, quienes eran unos y quienes eran los otros.

En este primer hábitat de la ciudad, ya tenemos a los *veteres*, los antiguos. Pero hubo una Guerra Civil y Valencia fue destruida al estar en el bando perdedor.

Sin embargo no pensemos en asesinatos totales de la población.

Un ejemplo, sin ir más jejos, lo tenemos en la ciudad de Sibaris, antecesora de Thuriam. Destruida por Croton, ciudad vecina, vió como gran parte de la población se repartía en otras localidades próximas, intentando volver a levantar la ciudad durante varios años, estando Crotón en contra. Por tanto, a parte del choque militar entre los soldados de ambas ciudades, la mayor parte de la ciudad civil, huyó. Seguramente hubo mucha gente, (citemos un caso reciente, salvadas la obvias diferencias) como sucedió en la segunda guerra de Iraq y la caída de Sadam Hussein, que antes de caer Bagdad, decidió marcharse de una ciudad condenada a la caída, tal como estaba la situación militar. Los más privilegiados del régimen politico, afines al régimen agonizante, en parte, pudieron buscar una salida provechosa a cambio de información o de la simple deserción, negociando su salida y adaptación al nuevo régimen salido de la guerra. No obstante, el ejemplo de Sibaris, es un ejemplo en la Antigüedad, de lo que pudo suceder en la ciudad de Valencia. Los cadáveres encontrados en la ciudad pertenecientes a esta guerra civil, son hombres, militares, enfrentados a otros hombres militares, con ausencia de mujeres y niños, o civiles en general.

Por tanto creemos, que muchos de los *veteres*, los originarios de Valentia, no estuvieron dentro de la ciudad mientras sucedía la batalla, sino que se trasladaron a lugar seguro, posiblemente Saguntum o Saetabis (Xàtiva), si no querían ir muy lejos.

Valentia no estaría tantos años como se pretende deshabitada y más un lugar tan bien situado y en plena ruta comercial por tierra y por mar. Los Vasos de Vicarello hablan de Valentia, y estamos alrededor del año 20 a.c., y no hay porqué descartar presencia poco tiempo después de la guerra, de una manera un tanto marginal comparado con el pasado, y el futuro de la urbe. Ya que la gente desplazada no podía aventurarse y volver rápidamente si no veía un lugar seguro, apoyado con verdadera intención de recuperarla en su conjunto, politica, economica, socialmente...

La ciudad, estuvo un tiempo destruida y abandonada, y mientras se reconstruía habría un poder anterior a la guerra, los *veteres,* afines a los vencedores y/o supervivientes en general huidos, que tal vez fueron muchos más de los que podíamos pensar, que volvieron a la ciudad y por otro lado, los vencedores militares. Esta dualidad estaría marcada desde el final de la guerra y después ya que a la hora de volver a la ciudad, habría que respetar a los colaboradores o exiliados *veteres* y a los vencedores, los *veterani* (veteranos de la guerra, posiblemente de esta misma guerra civil). La ventaja la tendrían los que llevan las armas, los militares vencedores, y sus descendientes, tal vez por eso, en las inscripciones que hablan de este doble *ordo decurionum*, los *veterani* aparecen por delante de los *veteres*, los antiguos.

25-Conclusión

Llegados a este punto, y mirando de nuevo los orígenes de lo que llamamos la "Valentia romana", es más que curioso el decir que en sus orígenes no fueron romanos, si como romanos entendemos a la gente de Roma capital y sus alrededores, sino la gente de la Magna Grecia, y concretamente, los de lo que ya en época de Augusto se llamaría la REGIO III (que incluye el Bruttium y la Lucania).

Esta gente que vino a lo que hoy llamamos Valencia, lo fue de mano de los romanos que habían llegado a Hispania, gracias a una excusa llamada Saguntum, y sin ella, nada de esto hubiera tenido lugar tal y como lo conocemos.

Saguntum, ejemplo de resistencia contra Aníbal, y excusa perfecta para que Roma diera zarpazo a todo el occidente mediterráneo, vería aparecer en sus cercanías un poblado italiano, que estaría formado precisamente, por los vencidos en Italia del Bruttium, y por los aliados de la Guerra Púnica.

El valor simbólico del asentamiento junto a Saguntum, es grandísimo. Por una parte es un círculo que se cierra, ya que si la guerra empieza en Saguntum, acaba en el Bruttium, en Italia, y se cierra en Saguntum, por lo menos para la gens Fabia Maxima, aunque para los Escipiones era Cartago el objetivo.

Quintus Fabius Maximus Cunctator, el "*princeps*" de Roma, que va a la boca del lobo, al Senado de Cartago, a advertir a los cartagineses sobre Saguntum, entre otras cosas) conseguirá echar a Aníbal de Italia y salvar a Roma, que, por poco, no se convirtió en otra Saguntum, para Aníbal.

Sus conquistas llegaron al sur de Italia, y a una edad avanzadísima, conquista la "populosa" Tarentum, la última ciudad de gran importancia que necesitaba Quintus para acabar su vida como el personaje más importante de su tiempo.

Roma, le dio todos los homenajes y honores que tenía, y sus descendientes, cuyas monedas nos han llegado, Quintus Fabius Maximus Eburnus y Quintus Máximus, más tarde, representarán en sus monedas los símbolos de las ciudades italianas conquistas y/o salvadas por Cunctator en la Segunda Guerra Púnica en el Sur de Italia, la última tierra rebelde.

Creo que la gente de Hipponion, después Vipponium, después Vibo Valentia, en su época griega, pudieron comerciar con la costa valenciana, junto con otras ciudades de la Magna Grecia y la presencia de cerámicas del siglo VI, V, IV en la zona marina y de tierra de lo que sería Valencia, hablarían de eso. Sin olvidar el magnífico puerto comercial que era Hipponion en el mediterráneo.

Esos contactos, también unieron a la Magna Grecia con la Iberia pro-Aníbal. Saguntum es una excepción en ese contexto de alianzas.

Cuando Roma arrasó el Bruttium, su gente quedó desposeída de sus tierras, como personas humilladas física y legalmente, y la oferta o deportación a un lugar como Hispania, era un mal menor, siempre bajo la supervisión de Roma.

Esos primeros llegados a la futura Valencia, trajeron de casa su cultura, religión, historia y nombres.

La necrópolis del carrer de Quart es un ejemplo de ello, con sus hipogeos, sus dromos, sus strigilis, sus cerámicas greco-itálicas, su porca praesentena...

Podemos comparar el caso de Valentia (Hispania), con el de Australia. Australia era un lugar alejado de Europa. Pero Inglaterra quería tomar posesión no sólo nominalmente, por lo que empezó enviando a todos los pobres (menesterosos), y toda aquella gente que tuviera problemas con la ley, como una especie de prisión alejada.

La gente que vino a Valencia, eran de raiz griega y bruttia, no romana, aunque como informaba Estrabón, no pasó mucho tiempo para que la romanización acabara con las identidades propias pre-romanas de los itálicos. Los privilegiados en Australia era, una élite en esa época inicial, y eso que todos eran ingleses. Lo mismo, con las lógicas diferencias, veríamos en Valentia, una mayoria de desplazados en tierra extraña, y una élite grata a Roma administrándolos, concretamente los de Thuriam. Pero aquí debo hacer un paréntesis.

Vibo era la víctima de los romanos y su población padece la espada y las leyes discriminatorias en su propia tierra, que ya no era suya. La instalación de la colonia de Valentia al lado, es una muestra más de la sumisión, por tanto, es muy probable que algunos miembros de esta élite instalada a Valentia (Italia) junto a Vibo, viniera con parte o gran parte de la población de Vibo a Valentia (Hispania). Esto eliminaría una población inestable o la desactivaría en gran parte delante de la nueva colonia Valentia de Italia, y echaria a Hispania ese cupo de gente, consolidadndo el latifundo y asfixiando la moribunda vecina Vibo, en pos de la neonata valentia italiana. Este aspecto sería interesante investigarlo en la sruinas de Vibo y comprobar cuanto tiempo coexisten Vibo y Valentia y en qué condiciones de discriminación se desarrolla una respecto a la otra.

Por ningún lado rastros de soldados. Ya hemos visto como les estuvo prohibido la entrada en el ejército estos perdedores, y la limpieza étnica previa a la venida a Valencia, se puede ver en aquel hipogeo convertido en fosa-común de Vibo (Italia) donde se muestra hasta el desprecio a los muertos echándoles hasta un caballo y perros muertos. Si no fuera bastante, se burlaban de ellos como de los cómicos de las comedias romanas, y ayudantes de cónsules en lejanas tierras, es decir, como seres inferiores.

Esta situación de discriminación duraría hasta el período Graco, cuando se les debió ya considerar como ciudadanos de otro nivel, gracias a Gaius Graco, ya que a fin de cuentas, eran "italianos".

El que hoy se diga "Valencia del Turia", hace referencia de manera inconsciente para los valencianos actuales, a las dos colonias romanas dominantes Turia y Valentia creadas después de la Segunda Guerra Púnica.
Entre el fin de la Segunda Guerra Púnica y poco tiempo después de la fundación de estas colonias en Italia, debemos colocar la fundación de la ciudad romana.
La aportación de la colonia de Thuriam-Copia, unida a Valentia por tantos detalles, se

reflejaría, aparte de su misma lengua y origen griego, con las monedas y el nombre del río Turia y la ciudad.

La explicación más razonable, es que el río Turia, tuviera su nombre precisamente de otra fuente de agua, el Turia de Italia, y no es de ninguna forma descabellada, por tantos y tantos detalles que hablan, no sólo de nombres de personas venidos de Italia, sino también de su toponimia, que además les recordaba a casa.

La cornucopia (el cuerno de la abundancia), da nombre a la colonia romana de Copia (abundancia) que no tarda en recuperar el nombre de Thuriam, y también simboliza a Valentia en sus monedas, junto con el haz de rayos de Júpiter. Todos estos símbolos al igual que los nombres son de importación de la Regio III augustea, donde está la cuna que hasta hoy no había sido investigada en profundidad.

Hemos hecho un "excursus" hacia la mentalidad religiosa de la Valentia republicana, con su más que probable templo a la tríada Aventina, con Ceres como la principal figura, que hablaría de ese origen plebeyo de la población y esas raices profundas en la Démeter griega a la que representaría. Esto es otro paso importante en el conocimiento de las mentalidades, ir más allá del resto silencioso, y redescubrir el latir de los corazones de esos seres humanos desaparecidos hace tanto.

El querer explicar a partir de Lusitania la fundación de Valencia, no me parece ya un camino viable, y no voy a insistir en ello, ya que ha quedado bastante clarificado este asunto.

La Magna Grecia, y concretamente la Regio III Augustea, es la próxima vía a abrir, haciendo el camino inverso que se hizo hace más de 2000 años.

Creo que se abre a partir de ahora un momento clave para releer las excavaciones de la ciudad y buscar más etapas que hasta ahora están constreñidas a presión en superposiciones artificiales que giran siempre alrededor del 138 a.c. De este modo, hoy es posible ver como cada vez más, la presencia física de romanos en tierras peninsulares es cada vez más antigua de lo que a primera vista se puede observar en cifras, en mi opinión, demasiado modernas.

Cuanto más cerca de la costa, más pronto estuvo en manos de los romanos, y más pronto debe empezar a tenerse en cuenta la presencia de militares y comerciantes.

El 218 a.c., es el desembarco en Emporion del ejército comandado por Gneo Cornelio Escisión, es el AÑO 0 de la romanización y conquista peninsular.

En el 217 a.c., Tarraco se convierte en cuartel general romano y el comercio, la religión, la economía, van junto a las tropas.

En el 209 a.c., Cartago Nova (Cartagena) es conquistada por Escipión, ya en el Sur. Por tanto, tomando ese año 209 a.c., no hay por qué esperar más de 70 años a ver gente viviendo en Valentia.

En Cartagena, desde el 209 a.c., los romanos romanizan su territorio, con todo lo que esto significa, y la costa, donde está Valencia, ya está en manos romanas. En el 205 a.c. hay una embajada saguntina en Roma reclamando ayuda en levantar su ciudad de nuevo.

La ciudad de Carteia, en la bahía de Algeciras, en San Roque (Cadiz), en el 206 a.c., es base romana marítima, y en el 171 a.c, se convierte en la primera colonia latina fuera del territorio de Italia y Tito Livio (XLIII,3) dice: *"Vino de Hispania otra delegación de una nueva clase de hombres. Recordando que habían nacido de soldados romanos y de mujeres hispanas, con las que no podían contraer matrimonio legítimo, más de cuatro mil..." (BENDALA, ROLDAN, BLANQUEZ, 159, 2002)*, esto ya habla de de generaciones de personas nacidas de uniones de gente romana e indígena, y que ya viven en la zona.

En Cordoba, se habla de *"una instalación militar ya establecida a inicios del S. II frente a la ciudad turdetana" (MURILLO REDONDO, 185, 2002)*

Por ejemplo, ya en el interior, tenemos el caso de Graccurris: "*Tib. Sempronius Graccus procos. Celtiberos victos in deditionem accepit monimentumque operum suorum Graccurim oppidum in Hispania constitui*t" (Livio, Per., 41), el que se constituye un oppidum, en el 179 a.c. (HERNANDEZ VERA).

Por tanto, creo que hay que buscar en esa orquilla de tiempo entre el fin de la Segunda Guerra Púnica y poco después de la fundación de las colonias de Copia.-Thuriam y Valentia (Italia), la llegada masiva de gente, y debemos rastrear cómo es ese primer asentamiento buscando a los "huidizos" indígenas íberos valencianos que no desaparecen sino que se integran en este nuevo contingente de población, llamemosla magno-griega, de lo que sería llamada en época augustea, la Regio III: Bruttium y Lucania.

BIBLIOGRAFÍA.

ALAPONT, LL. 2002: "Rasgos antropológicos de los primeros pobladores de Valentia": *Valencia y las primeras ciudades romanas de Hispania.Valencia.* 315-322.

AMPOLO,C.1985: *La scoperta della Magna Grecia*, in AA.VV., Magna Grecia. *Il Mediterraneo, le metropoleis, e la fondazione delle colonie* (a cura de G. Pugliese Carratelli), Milan, pp.47-84.

APIANO. Ed.1913 : The Civil Wars II¬III Loeb Classical Library .

BOUCHIER,E.1914: *Spain under the Roman Empire*,Oxford,53-59.

CARUSO, T.1984: "La Monetazione di Copia Lucaniae", Nona Miscellanea Greca e Romana, Roma, 119-139.

CRIMACO,L-PROIETTI, L.M,. 1989:*Vibo Valentia : Necropoli in località Piercastello*, in ASNP, Classe di Lettere e Filosofia, 1989, pp.787-809.Sobre la tumba a cámara ver también: P.G. Guzzo, *I Brettii* , Milan, p.93.

DIODORO SÍCULO. Ed.1774 : Histoire universelle de Diodore de Sicile.Ed. e Monsieur l'Abbé Terrasson. Liber XXXIII.

FIORILLO, R. -PEDUTO,P. 2000: *Saggi di scavo nella Mileto vecchia,in Calabria (1995-1999),* in G.P.Brogiolo, (a cura di) , *II Congresso di archeologia medievale*, Florencia.pp.223-233.

FOTI, G-PUGLIESE, G.1974: *Un sepolcro di Hipponion e un nuovo testo orfico*, in Parola del Passato, 154-155,pp.91-96.

LAZZARINI,M.L- CASSIO : 1987 : *Sulla laminetta di Hipponion*, ASNS, S. III, XVII, pp. 329-332

LIVIO,T.Ed.1995 : « *Ab urbe Condita* » Ed. Christina Shuttleworth Kraus.

LLOBREGAT,E.1985b:*Els origens del País Valencià*.Institució Alfons el Magnànim,Valencia.

MARÍN,C y RIBERA,A. 2002: "La realidad arqueológica de la fundación de Valencia: magia, basureros y cabañas" : *Valencia y las primeras ciudades romanas de Hispania.Valencia.* 287-298

MARINO, S: 1995: *Tra Longobardi e Normanni,. Lo scavo di Mileto, in Scavi Medievali in Italia (1994-1995),* Atti della prima conferenza Italiana di Archeologia medievale, Cassino 14-16 dicembre 1995, Roma pp. 85-92.

MOREL,J.P.2003 : «Le commerce à l'epoque hellénistique et romaine et les enseignements des épaves » AA.VV.,., Archeologia subacquea

MUSTI, D. 1977: *Locri Epizefiri nella civiltà della Magna Grecia,* ACSMGr XVI. 1977, 118-119.

ORSI, P. 1921: *Reliquie classiche a Mileto Vecchio,* en "Notizie degli scavi", pp.485-488

PAOLETTI,M:1990: *Medma ed Hipponium: gli scavi di Paolo Orsi ai primi del novecento e le indagini odierne* , en Annali dei Musei civici di Rovereto, Sezione Archeologia Storia e Scienze Naturali, 6, Suppl., pp.133-162.

PENA, M.J. 2002:"Problemas en torno a la fundación de Valentia": *Valencia y las primeras ciudades romanas de Hispania.Valencia,* 267-278.

RIBERA, A. 1998: "La fundació de Valencia", 77-285.

RIBERA, A.2002: "El urbanismo de la primera Valencia": *Valencia y las primeras ciudades romanas de Hispania.Valencia.* 299-313.

RIPOLLES,PIU. 2002: "La ceca de Valentia y las monedas de su época". *Valencia y las primeras ciudades romanas de Hispania.Valencia.*

TALIERCIO, MARINA.1989: *La Monetazione di Valentia.* Centro Internazionale di studi numismatici.Biblioteca-3. Istituto Italiano di Numismatica. Roma, 11-44.

www.ingramcontent.com/pod-product-compliance
Lightning Source LLC
Chambersburg PA
CBHW041708290426
44108CB00027B/2898